現場のエピソード
でかなりわかる!

新 幼稚園教育要領 保育所保育指針 幼保連携型認定こども園教育・保育要領がわかる本

安家周一×片山喜章

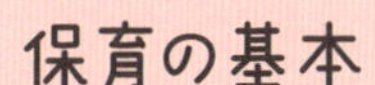

0・1・2歳児保育

幼児期の終わりまでに
育ってほしい姿

ひかりのくに

はじめに

片山喜章

保育の現場ではどうして『要領』『指針』への関心が低いのでしょう。今回の改定内容も「全く気にならない」という保育者が私の周辺にかなりいました。

「どうして？」と尋ねると、「まいにち園の方針で決まった保育をしています」とか「何をどのように変えてよいのか指針を読んでも実践をイメージできないから関心ないです」と返ってきます。たしかに現場といっても園長の立ち位置と、毎日子どもたちを保育している担任とでは、大事にしている現場の景色が違うかもしれません。子どもを目の前にした保育者にしてみれば“浮世離れした子どもが居る”と言えなくはないかも知れません。

ならば、『要領』『指針』、そして賛否の最中にある「10の姿」を真ん中に置いて、「これってどういう姿」「こんな実践がこんな姿につながるのでは」など、保育を語り、子どもを語り合うのはいかがでしょう。もっとも詳細に子どもを語り、リアリティをもって保育を語ることができるのは、毎日、直接、子どもに関わって保育する保育者ですから、話題は尽きないはずです。特に園長先生には、語り合いの場を設ける、語り合いの習慣をつける、そのために尽力していただきたい、と１人の保育者として切に願います。

はじめる前に確認しておきたいこと

安家周一

乳幼児期の保育について話し出す前に、乳幼児期の保育と小学校以降の教育の違いをよく理解しておくことが重要だと思います。保育は、教育要領や保育指針の大きな枠組みの中で、生活や遊びを手段として、子ども一人ひとりの興味や関心を出発点に、保育者の意図性を加味してなされます。かたや、教える内容が全国統一された学習指導要領によって規定されているのが小学校から高校までの学校教育です。小学校までの保育とそれ以降の教育では教育方法も評価基準も大きく違います。国が定める要領や指針ですが、今回の改訂全体の文脈にも現れているように、これから訪れるであろう混沌の時代を生き抜き、国や社会に貢献する人づくりのための知識や能力、つまり国が望む人間像が示されているように見えるのは私だけでしょうか。もとよりそれぞれの子どもの育ちはでこぼこがあり、発達のゆがみや障害を有した子どももいます。いずれの子どもであっても周りの人と共存し、徐々にその人らしく自分の持ち味を大切に生きていくことに価値があります。要領や指針は国から発信された大切なメッセージなのですが、ぶれてはいけないのはその子固有のよさや可能性を発見し、保護者と共有しながら励まし護ることです。民主的であること、また共存することに価値を見出す生き方の基礎も、この時期の家庭や保育園、幼稚園のあり方が鍵となります。心して取り組みたいと思います。

Contents

本書の特長

「これまでにないユニーク

1 クラス担任どうしが共感できてこそ解説書

全国の幼稚園、保育園、認定こども園への解説書となると、“分かりやすさ”が必要です。分かりやすいとは言葉ですか？　その場面が浮かんでくるような表現ですか？

よく言う「ある、ある」という経験に基づいたリアリティが共有されてこそ、分かりやすいですし、挑戦意欲も生まれます。本書は２人の現職園長（理事長）が赤裸々に語ることで、きっと「ある、ある」の共感を得られると思います。

2 きれいごとでは、リアルな保育は語れない

現場の話をすると当然、きれいごとではすみません。保育者である職員のことを生々しく語ったり、ひんしゅくを買いそうな事例が飛び出したりします。現代は利便性が高まるほどに混迷を深めています。絶対的な正解はありません。ですから本書では現場の実態に対して、辛口になったり、偏った語り口になったりしています。これもまたリアルな実態です。保育について“通説的な見方”をしていない箇所もあるでしょう。

粗削りな表現はそのままにし、同じ事柄（内容）が繰り返し出てくることもあります。それもまた生きた保育を語る姿です。

な解説書をめざして」

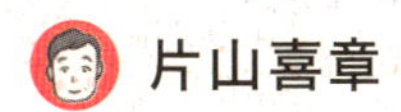
片山喜章

3 対談形式を用いてよりリアリティを醸す

書籍でメッセージを伝えるとき、対談形式にすると読者もその対談に加わっているような感覚になることがあります。1つの事柄を伝えるのに寄り道や回り道をする対談形式は、届けたいメッセージをイメージしていただきやすいと考えました。保育実践を語るとき、それは言葉によって、断定的・確定的に言い表せるものではありません。言葉の周辺に漂う空気感を味わっていただくことが重要で、その意味でも本書は対談形式が有効だと考えます。

4 「幼保(こ)」の違いも垣間見られる内容

今回、「こども園」の要領も「新要領」「新指針」と整合性を図る形で改定されました。しかし、実際、幼と保とでは明らかに歴史や文化・人数規模の点などで異なるところがあります。本書は、子どもの最善の利益を志向しながらも、幼稚園(長)、保育園・こども園(長)の立場で発信していますから、おのずと幼保(こ)の実態を映しだしたものになるでしょう。そこから幼保一体としてまとめられないもの、互いに寄り添えるもの、異なる文化として大切にすべきものなどを幅広く感じ取り、考えていただければ幸いです。

● イントロダクション ●

改訂をうけて、何を大切にするの？

（片山喜章）：『要領』、『指針』は10年に１度、改訂されますが、作り手（国）の必要性と使い手（現場）の必要性の間には、すごくギャップがあるように感じますね。

（安家周一）：前回の改訂は、DVDなども出て、丁寧に説明された感じがありますが、でもそれが現場にどのくらい浸透したか、といえば怪しい。

：同じ現場といっても、実際、園長先生の立ち位置とクラスで保育している若い保育者とでは、現場の受け止め方は全然違うんじゃないですか？

：今の先生たちは10年前を知らない人が多いし、今回、こんなふうに変わりました、と言われても目の前の行事の方が大事でしょうね。

：今回、改訂の前に、これまでの要領や指針は現場ではどれくらい理解されたのか、ぜんぜんリサーチされなかったし、改訂に向けて多くの園長たちが集まって、長い時間をかけて語り合う機会も無ければ、全体的な総括もされませんでした。上から降りてくるだけです。授業について行けない児童を置き去りにしてど

…安家周一　…片山喜章
の対談で保育を読み解いていきます。

んどん先に進めていく学校の先生のようで、どうも基本のスタンスがおかしいと思いますが…。

：今回、幼稚園、保育園、こども園をだいたい揃えて、学校教育につなげていこうという新しい試みですね。中味はこれからだけど、この方向は悪くないと思います。

：それで要領や指針の他に「10の姿」が出てきたのですね。この方が現場にとって分かりやすいから。

：「10の姿」は、「要領」「指針」に書かれてあることを分かりやすくまとめていると思います。個々の育ちやクラスの子どもが活動する姿をよく見たとき、自分のクラスの保育がどの方向に進んだかチェックするのに役立ちますね。けれども小学校でいうテストじゃないので、クラスの多くの子がこんな姿にならなきゃと考える事ではない。そんなふうに考えたら、「10の姿」は保育を歪めてしまいます。子どもの姿をよく観察して(see)、そこから先生のねらいや願いみたいなものを計画(plan)として、そして実践するでしょう(do)。その結果を振り返るときにチェック(check)する観点として、「10の姿」は役立つと思うよ。

：ということは、活動を計画するときは、「10の姿」をあまり意識しない方が良いということですか。

：うちの園では「10の姿」を"振り返り"のときに活用していますね。このバックグラウンドには５領域があるけどね。それも交えながら自分たちの保育を見つめようってことです。なので「決して到達じゃない」「活動が終わった後に、そこにどんな要素、どんな視点があったのか意識しよう」って事です。例えば、道徳性の規範とか、科学の視点とか、そんなふうに整理してみると、私たちの保育の中で抜け落ちていましたね。

：具体的にどのような振り返りをしていますか。

：かなり前からしています。子どもたちの活動を写真に撮っておいて、それを見ながら学年で話し合います。あらかじめ「10の姿」の小項目も並べておいて、その番号で日々の保育の姿を引っ張り出すというものです。このマッピングをやり出してから、だんだん、振り返るコツをつかんできている感じですね。今までザクっと捉えていたから人間関係ばかりに重きが置かれていた。そういう偏りはだいぶんなくなってきましたね。

：そういえば、ある園でも見ましたね。３歳児と５歳児が手をつないで近くの動物園に行くときの写真で、５歳児がすごく丁寧に３歳児の手を引いているんですね。事後、写真を見て、乳児の保育者は、道徳性だの協同性だのと言いましたが、行く前のお

集まりでその子は象さんのところに一番に行くと言っていたので、担任は５歳児自身が早く行きたいから丁寧に親切に関わっていたのだ、動物への関心の現れだと裏事情を話してくれました。

：なるほどね。ますます振り返りの話し合いが大事ってわけね。環境の構成なども担任だけじゃなくて、フリーの保育者も共有して振り返りに参加する。こういう連なりを日常のなかにつくることで「10の姿」も生かされるね。

：「10の姿」は小学校にも持ち上がるよね。

：小学校の場合はここに学習指導要領があって、ねらい、単元があって授業をして、テストをする。われわれはテストをしないから、この「10の姿」を使って実はテストのようにチェックの役割をする。けれども、小学校と大きく違うのは、子どもじゃなくて、教師の側、保育者の側が自分の保育を振り返るためにチェックするということ、そこが大切なんだと思う。

：でも、保育園は夜まで子どもたちを保育しているので、一斉に集まって話し合う時間を作るのが難しい。勤務がローテーションなので、５歳児の担任も10時、11時頃に出勤する日もある。となれば、話し合いをせざるをえない。短い時間で効率よく話し合うのに「10の姿」は良いかもしれません。話を進める中でひっかかる所は「これは、うちではこんなふうにしよう」と否定や批判をするのではなくて、創意を発揮することが大切ですね。

すぐわかる！

改訂のポイント

幼稚園・保育園・認定こども園の目指す所が一緒になりました

●ねらい・内容が共通化されました

要領、指針、教育・保育要領が同時に改訂されたことを受け、これまで微妙に異なっていたねらい・内容の言葉が揃いました。これで、どの施設でも、同じ方向性に向けて保育を行っていくことを示したのです。

また、保育所保育指針には、これまで無かった「内容の取り扱い」が加わり、より具体的な形で保育をイメージできるようになりました。

コメント

より統一が図られましたが、これまでと同じように、まずは子ども一人ひとりの育ちを見極めながら、適切な関わりをしていけるとよいでしょう。

●「全体的な計画」の作成が求められます

これまで各施設において編成・作成されていたものの名称が統一されました。目指すところは同じですが、中身は施設のもつ機能に応じて、すこし異なります。

コメント

前回の改訂のときもそうでしたが、この改訂を機に、職員全体で園の保育課程・教育課程を見直していくと、園の保育を改めて考え直すきっかけになります。

●資質・能力の基礎

幼児教育の特性である「環境を通した保育」をもって育成される資質・能力がその後の小学校以上につながることが示されました。

知識・技能の基礎

（遊びや生活の中で、豊かな体験を通じて、何を感じたり、何に気付いたり、何が分かったり、何ができるようになるのか）

思考力・判断力・表現力等の基礎

（遊びや生活の中で、気付いたこと、できるようになったことなども使いながら、どう考えたり、試したり、工夫したり、表現したりするか）

遊びを通しての総合的な指導

学びに向かう力・人間性等

（心情、意欲、態度が育つ中で、いかによりよい生活を営むか）

平成28年８月26日
『幼児教育部会における審議の取りまとめ』資料１より

コメント

自分の保育の幅は狭いことを意識しましょう。周りの同僚とミーティングをもち、様々なアイディアを得て保育に還元していくと、より質が高まっていきます。この資質・能力の考え方を使っていくとよいでしょう。

●幼児期の終わりまでに育ってほしい姿

❶ 健康な心と体

幼稚園生活の中で，充実感をもって自分のやりたいことに向かって心と体を十分に働かせ，見通しをもって行動し，自ら健康で安全な生活をつくり出すようになる。

❷ 自立心

身近な環境に主体的に関わり様々な活動を楽しむ中で，しなければならないことを自覚し，自分の力で行うために考えたり，工夫したりしながら，諦めずにやり遂げることで達成感を味わい，自信をもって行動するようになる。

❸ 協同性

友達と関わる中で，互いの思いや考えなどを共有し，共通の目的の実現に向けて，考えたり，工夫したり，協力したりし，充実感をもってやり遂げるようになる。

❹ 道徳性・規範意識の芽生え

友達と様々な体験を重ねる中で，してよいことや悪いことが分かり，自分の行動を振り返ったり，友達の気持ちに共感したりし，相手の立場に立って行動するようになる。また，きまりを守る必要性が分かり，自分の気持ちを調整し，友達と折り合いを付けながら，きまりをつくったり，守ったりするようになる。

❺ 社会生活との関わり

家族を大切にしようとする気持ちをもつとともに，地域の身近な人と触れ合う中で，人との様々な関わり方に気付き，相手の気持ちを考えて関わり，自分が役に立つ喜びを感じ，地域に親しみをもつようになる。また，幼稚園内外の様々な環境に関わる中で，遊びや生活に必要な情報を取り入れ，情報に基づき判断したり，情報を伝え合ったり，活用したりするなど，情報を役立てながら活動するようになるとともに，公共の施設を大切に利用するなどして，社会とのつながりなどを意識するようになる。

❻ 思考力の芽生え

身近な事象に積極的に関わる中で，物の性質や仕組みなどを感じ取ったり，気付いたりし，考えたり，予想したり，工夫したりするなど，多様な関わりを楽しむようになる。また，友達の様々な考えに触れる中で，自分と異なる考えがあることに気付き，自ら判断したり，考え直したりするなど，新しい考えを生み出す喜びを味わいながら，自分の考えをよりよいものにするようになる。

❼ 自然との関わり・生命尊重

自然に触れて感動する体験を通して，自然の変化などを感じ取り，好奇心や探究心をもって考え言葉などで表現しながら，身近な事象への関心が高まるとともに，自然への愛情や畏敬の念をもつようになる。また，身近な動植物に心を動かされる中で，生命の不思議さや尊さに気付き，身近な動植物への接し方を考え，命あるものとしていたわり，大切にする気持ちをもって関わるようになる。

❽ 数量や図形，標識や文字などへの関心・感覚

遊びや生活の中で，数量や図形，標識や文字などに親しむ体験を重ねたり，標識や文字の役割に気付いたりし，自らの必要感に基づきこれらを活用し，興味や関心，感覚をもつようになる。

❾ 言葉による伝え合い

先生や友達と心を通わせる中で，絵本や物語などに親しみながら，豊かな言葉や表現を身に付け，経験したことや考えたことなどを言葉で伝えたり，相手の話を注意して聞いたりし，言葉による伝え合いを楽しむようになる。

❿ 豊かな感性と表現

心を動かす出来事などに触れ感性を働かせる中で，様々な素材の特徴や表現の仕方などに気付き，感じたことや考えたことを自分で表現したり，友達同士で表現する過程を楽しんだりし，表現する喜びを味わい，意欲をもつようになる。

小学校へ、幼児教育での学びを伝えるために、幼児期の終わりまでに育ってほしい姿が出てきました。５領域に基づいた保育を行なっていった際、５歳児後半でどのような姿が見られるかを示しています。この姿へ到達しなければいけないと考えるのではなく、足りない所があれば、その方向に向けて保育を考えていく、と思うのが良いでしょう。

私たちの園では、今、保育の中で写真を１枚撮っておいて、午後の時間にみんなでそれを見ながら机を囲んで、10項目の視点から語り合う、ということをみんなでやっています。１日５分ででき、私たちの保育に偏りがないか見ていけるので、そういうことを取り入れていけると良いですね。（P.10参照）

乳児保育が充実しました

●乳児・1歳以上3歳未満児にねらいが出ました

乳児・１歳以上３歳未満児にねらい・内容・内容の取り扱いが新たにつくられました。乳児は発達の個人差が大きいため、５領域をよりおおまかに捉え、身体の発達、社会性の発達、精神の発達の３つにまとめています。

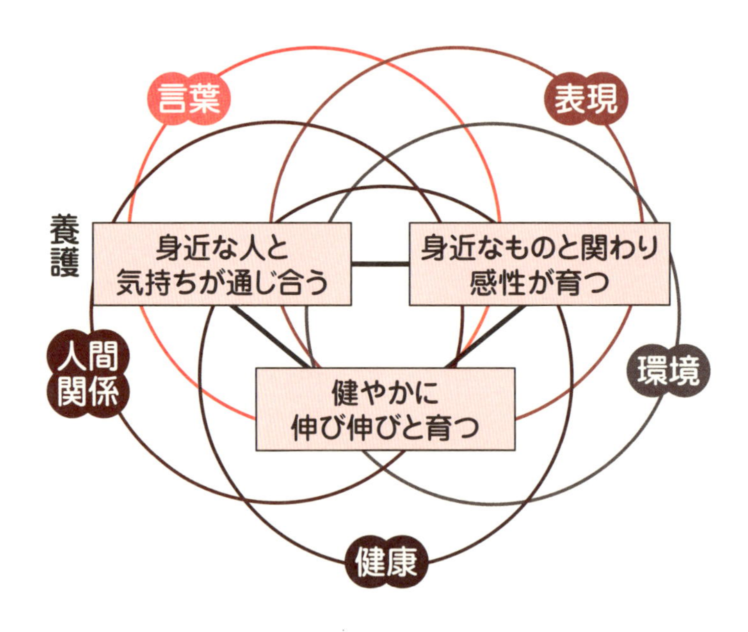

社会保障審議会児童部会保育専門委員会（第10回）資料４より

コメント

乳児の頃から２歳児クラスへ成長していくにつれ、排せつなどの生活習慣をはじめ、様々に自立が進みます。自分から思いを発することが増えるので、まずは受容的な関わりを基本にしましょう。

●養護の重要性が改めて示されました

今回、養護のねらい・内容が総則へ移行しました。これまで以上に、保育の中での重要性が高まったといえます。生活と遊びがより密接につながっている0・1・2歳児はもちろん、3・4・5歳児においても、重要です。

コメント

0・1・2歳児の頃は、愛着関係が何より重要です。まず安心できる特定の保育者がいて初めて、外界に関わっていけます。基本的信頼感へと醸成していけるよう、関わりましょう。

●子育て支援の充実

これまで保護者支援と呼ばれていたものから、より広く子育て支援と名称が変わりました。特に認定こども園には地域の子育て支援の拠点としての義務が求められています。

コメント

子育ての支援は園の重要な責務のひとつです。まずは登園している子どもの保護者と関わるところから、支援を始めてみませんか。

まとめ

今回の改訂では、新たに出てきた言葉がたくさんあります。しかし、「環境を通した保育」という、これまでも目指してきたところは変わりません。次の章からは、その変わらない基本となる部分について見ていきます。

保育の基本

要領・指針が新しくなり、

幼稚園と保育園で目指す子どもの姿が統一されました。

しかし、子どもが自ら主体的に周りの環境に関わって学んでいく、

「環境を通した保育」という考え方は変わりません。

また、施設のもつ機能から、

幼稚園、保育園には差異も存在するのは確かです。

そういった基本にふれながら、

人的環境としての保育者のありかた、等も見ていきます。

環境❶

環境を考えることは園の特長を生かすこと

：保育の基本は「環境を通して」と言うけれども、どうもたいていの園の現状は遠い感じがするんだけど、どうでしょうね。

：もともと、外の世界に子どもが学ぶ材料がありますね。「環境を通して」とは、先生が言葉で伝えるより、子どもが自分で興味をもって感じ取りながら学んでいく、そこを大事にしようというわけですね。そのために先生は何と子どもに出会わせるか、そこが基本です。なかなか難しいよね。だから先生は子どもに見せたいもの、触れさせたいものをよく考えて設定する必要がある。見せたくないものや触ってはいけないものは取り除いておく、そう考えることから始める必要があります。

：保育室には、何の意味もないような物が無造作に置いていることがあります。室内環境全体を整えましょうというわけですね。教えるというと大人が子どもに向き合って知識や技芸を提供するってイメージが強いですが、出会わせることですね。となれば、園全体の環境をどうつくっていくか、園全体の話題にしないとクラスだけで考えるのは限界がありますね。

：そうなんです。だけど、園全体の外環境も室内環境もとても素晴らしくても、そこで遊ぶ時間がなくて、お部屋でチマチマした保育をしていたら、どんな環境も生きない。環境をどのように設定

していくかと同時に、その園の生活の作り直しも必要じゃないかな。

井戸を掘って園の環境を豊かに

：それは、大きな意味で、人的環境とも言えますね。その園の独自性とか特長ということになるのかな。そういえば、安家さんところ（あけぼの幼稚園）は、住宅地なのに井戸が２つもありますね。

：そうなんです。30年ほど前に掘りました。直径1.5メートル、深さ５メートルの穴を垂直に掘りました。お金が無かったので掘る作業を業者さんに頼むのではなくて、自分たちで掘ったからたいへんでしたが、そこに大きな意味がありましたね。子どものための環境を園の大人たちが時間をかけて作り上げたので、毎日が事件でした。掘り上げた土が山になって子どもたちがどろどろになって遊びだしたり雨が降って水たまりができたり、水たまりが小川になったり…。だけど30年経った今も水がこんこんとわき続けている。それで水道代が半額になった。水道局がびっくりして飛んできましたよ。

：まさか、井戸を掘るとはね。水質はどうですか。

：毎年、きちんと調べていますよ。ほぼ飲めます。もちろん飲んではいませんが、その後、もう１本、70メートルボーリングしました。これもまた出ました。その水で、一部のトイレの水は井戸水なんですよ。屋根に降った雨の水も地下の1400リットルのタンクに溜めています。その水は、雨の降ったあとはふんだんにあるので、泥んこ遊びがいっぱいできますね。

：なるほどね。園長の思い付きではじめたことが、園庭の遊び環境と水との出会い方を大きく変えてしまった。園の保育もそれに引っ張られるように変わったってわけですね。やはり園長が率先して園の環境づくりにチャレンジするととても盛り上がって生活に根付くのですね。

：自分の好みもあるからね。けど、まず、園長がやる気を起こさないと園は、絶対よくならないよ。

：なるほどね。うちの法人では全園でコーナー・ゾーンの保育を異年齢で取り入れていますが、しっかり根付くのにずいぶん時間がかかりました。今では各園の特長です。各園の独自性と簡単に言うけど、特長づくりってほんとうに大変です。最初は遊び環境と子どもの生活がうまくかみ合わないですからね。

：私の友人(園長)は、農家の方を招いて広い畑をつくって、子どもたちと一緒に、たくさんの物を植えて育て、食しています。その時期に植えるもの、世話の仕方、肥料について、農育として教えていますよ。

：教えてもらいながら、いろんなことに気付いていくんですね。

：そこから世話の仕方や順番などの話し合いが始まる。農業は人間が長年、育んできた知恵の結集＝文化ですから。はじめは、植え方や世話の仕方を教えてもらわないといけないね。そこから、子どもたちの興味関心が広がります。

：じゃ、安家さんでやれば、水やりの水は井戸の水を使うってことになりますね。

：うちなら水田にするかもしれないな(笑)

：ということは、「環境を通して」という考え方は同じでも、園や園長によって、中味は違ってきますね。

：園庭の広さや人数規模、それに幼保によって文化や条件が異なるので様々ですね。けれども一斉画一に旧態依然とした保育をするのも、のびのび放任保育をするのも、それはその園の独自性である、というのは違います。その辺りのことは曖昧で浸透していないですね。

：なるほどね。今回の指針でも園長の指導性について触れていますが、職員を指導する前に、園長は「環境を通した保育」を理解した上でいろんなことを職員に提案して、それがうまく保育に現れているか、園自身が自己評価をすることが大切になるということかも知れませんね。

：秋田さんたち（cedep：東京大学発達保育実践政策学センター）の研究でも、園長自ら研修会などに良く出向く園の教職員の定着率は高く、ほとんど勉強しない園の先生は早期離職率が高くなっている、という結果が出ています。「環境を通した保育」という概念はとても奥深く、学ばなければ分かりませんもんね。

まとめ

子どもが興味をもったものに関わりながら学ぶのが保育の基本です。何よりもまず園全体の話題として取り組んでいきましょう。

環境❷

室内環境

：室内環境は、園によってずいぶん違いますね。何も置いていない広いお部屋だったり、パーテーションで細かくコーナーに区切ってあったり、いろいろですね。

：保育の出発はここからですね。いつも玩具や教材が置いてあるから良い環境だとは必ずしも言えないです。

：イスと机、そしてカバンやお道具箱が入ったロッカーが置いてある保育室がスタンダードですね。部屋の周囲には水槽があったり虫かごが並んで置いていたり、それだけの環境では貧弱に見えますが…。

：けれども、ただ漠然とたくさん玩具や遊具が置いてあるだけで、子どもの興味・関心に沿っているか検討しないと室内環境が整っているとは一概には言えないですね。子どもどうしのつながりに至らないと「環境を通した保育」の真価が発揮されないと思うけどね。

：ただ積み木やブロックなどで遊んでいるだけではダメで、それで遊びながら子どもどうしが影響し合う。関係性をつくるためのツールであることが大事だということですね。てんでばらばらに遊んでいたら、保育者が何を意図しているのかわからないということですか。

：そうです。何か物を用意する前に、今、これを出したらどうだろう、こういう玩具をしつらえていたら、あの子たちはどうするだろうといくつか仮説を立てて、実際、出してみて、ここで観察ですよね。うまくいかないときは、再度、仮説を立てる。これ、難しくないと思いますけどね。

：ということは、室内環境って、普通、ここにこの玩具、あそこにはあの玩具と固定的に考えやすいけど、そこに観察のまなざしを入れる事が基本ということですね。

：そうです。だから、４月に出ているものと、７月に出ているものが全く違っていても、そこに脈絡があれば良い、好ましいと考えますね。もちろん戸棚にはたくさんの玩具をストックしてあることが大前提だけどね。

物的環境と子どもをつなげる保育者

：なるほどね。この前、１歳児の保育を見ていると、絵本、ままごと、汽車(木製のレールを延ばす)、机上、大型ブロックのお家の５つのコーナーが設定されてあるんだけど、保育者がいるところに子どもはよく集まります。

：１歳児ならなおさら当然だよね。

：で、保育者が大型ブロックでお風呂をつくって「お風呂入ろ」と誘うと３人くらいやってきて、浸かってゴシゴシしたり、両腕を胸にくっつけて温もったりしていました。そして笑顔で「あったか〜い」と言ったのです。

：そこに担任の先生がいたからでしょうね。

：そのとおりです。これ、まさに人的環境、と思いましたね。けれども翌週、公開保育のときは、大型ブロックのコーナーには保育者は誰もいなかった。

：そしたら、子どもは誰も来なかった。

：そうなんです。人的環境というのは物的環境と子どもをつなげるのだと実感しましたね。年齢が低いとそこにいて、一緒に遊ぶことが大事で、４、５歳になると逆に口出しして邪魔することもあるので注意しないと。

：自分が楽しければ良いというのは大事なことだけど、自分が玩具そのものになって遊ばないように気を付けないといけない。そのさじ加減というか、センスが問われるね。

子どもの遊びから環境をつくっていく

：幼児の場合、今の遊びの続きができる環境というのか、そんな配慮は必要だと思うのです。

：みんなで一斉に製作していて時間が来たから、急いで先生に手伝ってもらって仕上げるという場面、ありそうですね。友達がしている活動をしばらく見てから興味をもって、いざ、始めだしたら

「はい、オシマーイ」なんて最悪だよね。

：うちでは「続きの棚」と「持ち帰りの棚」があって、個人マークを置いておきます。一人ひとりの子どもを考えた保育となると、ものとの出会いだけじゃなくてものとの別れまで考えた環境づくりが必要になりますね。

：さっき言ったように子どもの遊びをよく観察していると、そんな配慮ができるようになるんですね。子どもをしっかり見ていると、保育を見直す方向が見えてくると言えそうですね。

：そうですね。私の場合、保育園ということもあって異年齢の子どもどうしが交わりやすい設定を考えたりします。クラスの部屋がない園もあります。すべて異年齢で保育することは良いとは思いませんが、異年齢で生活する時間をもつこととコーナー・ゾーンでは異年齢の子どもどうしがしぜんに混ざり合うことは大事だと思います。どの保育者もこの保育の価値を実感していますし、最近は、保護者もよく見ていて賛辞を送ってくれますね。

：うちも異年齢で過ごす時間をたくさんとっていますね。学びの質が変わるというか、３歳児なんか先生より５歳児の言うことに強い関心をもったりしますね。まあ、これは保育や生活の形の話なんだけど、これからは異年齢保育を避けては通れないよね。子どもを観察して評価する場合、個々の子が良く見えるかもしれないね。

まとめ

子どもが遊ぶ姿をよく観察し、そこから室内の環境を考え保育を見直していこう。

環境❸

「園庭」から環境を考える

：環境の中でも戸外の環境としての園庭については、そんなに話題になっていないように思います。「園庭に、あんなもの、こんなものを植えています」とか、「ビオトープ作りました」とか、部分部分についての記述は目にするのですが、園庭も大事な環境ですよね。どう思いますか。

：うちでは、さっき園庭に２本、井戸を掘ったお話をしましたが、園庭に関しては他にも結構、あれこれ工夫しましたね。ちょうど今、根本的に作り変えていますよ。何年か前、園庭を広げるために土地を確保しました。園庭が広がって子どもたちが遊ぶ様子をずっと見ているとまた別の活用の仕方が見えてきますね。土や泥んこで遊ぶ場所としての園庭と、サッカーや野球をするグラウンドに分けることにしました。

：都会の保育園からすれば、羨ましい限りですね。けれども本来、園庭環境を含めて１つの「園の保育環境」と言えるわけですよね。

：そうです。けれども実際、保育園は近くに公園があれば、新園の認可OKだよね。この考え方は待機児童解消というけど根本的におかしいと思うけどね。

：ここ数年、雨後のタケノコのようにたくさんの保育園が新設されているけれど、とにかく都市部は土地が無い。そうなるともう、背に腹はかえられないわけで、園庭無しでも新設園が認可されますね。

：これは最低基準を下回っているということになり、こんな環境で育って本当にいいのだろうかと、将来が不安になります。
特に高層マンションで生活する子どもは、よく転ぶように思います。そんな子どもが園庭のない園であれば、体幹を鍛えるのは大きな課題になります。

保育園と園庭環境

：その通りです。少し嫌な事を言いますが、仮にすべての幼稚園が乳児保育を含めて７時くらいまで施設保育を実施してくれていたら、いわゆる２号、３号の保育をしてくれたら待機児童の問題も園庭のない新設園の認可の問題もずいぶん変わっていたと思います。だけど自前の園庭が在ることを大前提に戸外環境としての園庭についてしっかり語ることは、とっても大事だと私も思います。
：その通りやね。幼稚園の教育時間は昭和22年の教育基本法で「４時間を標準とする」と決められていて、基本それを現代まで踏襲することになりました。時代のニーズで「預かり保育」っていう名前をつけて小額な補助金で長時間が実施されているけれど、あくまでも特別なケースですもんね。乳児に至ってはやっと手を着け始めたばかりです。
環境についても生かしきれていないよね。室内環境と同じで、りっぱな園庭があっても、そこで遊ぶ時間が少ししかないとか、だだっ広いグラウンドではどうしようもないですね。
：園庭＝運動場というイメージはまだまだ強いですか？
：そう、まだありますね。うちへ見学に来た人たちの何人かは、なぜ園庭のど真ん中に大きな木があるのか尋ねますね。実は以前は大きな木の向こう側が塀で隣地との境界でした。隣地を買って園庭にしたら、結果、園庭の真ん中になったのですが、「なんでそんな質問するの」と尋ねたら、運動会をするスペースをどう確保するのかということでした。

：で、運動会は近所の小学校ですか。

：そうです。運動会は１年に１回のこと。そのためだけに園庭を広く空けておくというのはおかしなことなので、日々の活動や生活が豊かになるような庭であってほしいから、と保護者にも理解していただきました。

園庭で自然と関わって遊ぶ子どもたち

：うちの広くない園庭でも子どもたちは木のある隅っこで遊んでいることが多いですね。「園庭を思いっきり走りまわる」とはよく聞く言葉ですが、実際の保育において、そんな活動場面ごくわずかですよね。

：そのとおりです。ドッジボールも年間、そんなにしません。するなら公園ですればよいと思います。園庭は基本的に運動場ではないですね。たくさんの木があって、虫がいて、風が当たって、土があってということなので、木の根っこでしゃがんで遊んでいたら、鬼ごっこしていたお兄ちゃんがぶつかってきて、その子たちは謝って、それ以後、気を付けながら、鬼ごっこを続ける。そんな渾然（こんぜん）一体とした保育が望ましいと思うね。

：そんな場面を危険だから望ましくない、と考えがちですね。

：確かに保護者が見たら「なんと危ない。ボール蹴りしている横でおままごとして！」と言われましたね。「結構、うまくシェアして使っていますよ」って言うと「そうですか」って半分の人は納得してくれますけど（苦笑）

：ある保育園で公開保育があって、行ってみると狭いせまい園庭で０歳児から５歳児までみんな園庭で遊んでいるのに驚きました。０歳児が砂場でひも付きの玩具を動かしている横を５歳児がさーっと駆け抜けて行ったり、すべり台の降り口近くに１歳児が座り込んでいて、そこを５歳児が滑り降りて、手前でブレーキかけてさっと横から降りたり、危ないように思える環境の中で大きい子は小さい子を守る術を体得していると気付かされました。その園の園長は、もう30年前からこんな感じで、当時は何も思わなかったそうですが、今ではこの環境や状態を自園の"ウリ"であると高く自己評価していましたね。

：ほんとうにそうですね。園庭も広ければよいということではなくて、狭い事が幸いすることもあるってことですね。保育者の子ども観や保育観しだいですね。

：そうです。それに園としての説得力や勇気も必要ですね（笑）

まとめ

園庭は園庭ならではの活動を豊かにする場所、どんな遊びが広がっているか、見直してみよう。

行事と保育

：「環境を通した保育」を深めていくと、コーナー保育や異年齢保育という形に進んでいくと思います。その一方で担任を中心にしたクラス活動も大切にしようという考え方も根強いですね。

：「環境を通した保育」といっても、子どもは担任をよりどころにしますからね。それに協同性とか社会性という観点も必要で、時と場合によって保育を語る切り口も変わってきますね。

：これまで一斉活動はよくないといわれてきましたが、現実は、どの園にも行事があって「どこが環境やねん」と言いたくなる場面をよく見ます。例えば子どもが音楽（表現）活動に関わるとき、「環境を通す」とか「子ども理解」とかは、どんなふうに活動に結び付いているのか、分からなくなることがよくあります。

「行事」に保育者はどう関わる？

：行事は日本特有ですね。うちも昔は運動会前になると近くの公園まで太鼓を運んで、ダンダカやっていました。近所から苦情もいっぱいもらいました。今はもうやめましたけどね。

：でも、今までしてきた事をやめるって、難しい判断ですよね。

：太鼓を否定したんじゃなくて、子どもの日常生活の延長としての楽器との出会い、それからクラスづくりというところから考えていきました。今まで、1学期には何も行事を入れていませんでした。

まずはしっかり遊び込むことが大事ですから、２学期になってから太鼓に取り組むわけです。

：それって行事は子どもにとっても保育者にとっても負担が多くて、必要悪みたいな考え方が根底にあったんじゃないですか。

：そうかもね。でも何もないと１学期がゆる～く過ぎていくことに気が付きました。子どもに負担はないかもしれないけれど、クラス担任と子どもたちの関係が何となくスカスカしていましたね。そこで今年からコンサートごっこを１学期にやるようにしましたね。まだ４月ですけどね。

：それって周囲からはすごく否定的に見られますね。先生がクラスをまとめる活動を４月からするのはどうか、と。

：クラスをまとめるのではありませんよ。担任と子どもたちの関係性をつくるひとつの媒体として楽器に触れながら子ども集団と担任が合奏を組み上げていく面白さがありましたね。

：ポジティブ！　子どもたちと担任が関係性を築くためにクラス集団で１つのことに取り組む大切さは昔からよくいわれていました。保育者にしっかりした考えや保育力が無いと保育者も子どもたちも辛い思いをして、嫌気がさして、それでネガティブに捉えるようになっていたのかもしれませんね。

：これ、アタッチメントですよ。語源は「しがみ付く」ことらしいけど、結局、不安なときには誰かにしがみ付きたい。誰かにしがみ付くことで、だんだんと安心と相手に対する信頼、自己肯定感みたいなものが育つんだと考えます。先生たちに指導力が要りますが、あえて１学期にすることの意味はそこにあります。

：楽器が取り持つ担任と子どもどうしの関係、というわけですね。
：だから去年の秋からずっと楽器のコーナーを設定していました。リズム楽器だけでなくて木琴とか鉄琴とか、いろんな音が出る電子ピアノも置いていると、子どもはしぜんに楽器に触れる。それがあっての今年の４月なんですよ。

楽器選びにも保育者の思惑が…

：年長になって担任が変わっても慣れ親しんだ楽器だからコンサートごっこが盛り上がるのですね。
：そういう連続性があるので、担任も肩に力を入れなくても楽しめますね。
：そうは言うものの、コンサートと名がつけば、上手にやらせたい！という担任の下心みたいなものが顔を出しそうに思いますが…。
：うちも、少し前は年少は歌だけ、年中は鈴とカスタネットだけ、年長になったら５種類の楽器を使うと暗黙の了解で決まってた。

「何で年中が鈴とカスタだけ？」て聞くと「前からそうでした」と返事があって、これはいかん、ということになりました。

：根拠のない答えですね。「なぜ？⇒去年してたから！」という理由にならない問答を改善すると、保育の世界はずいぶん変わると思うけどね。

：今は、いろんな楽器に触れてきた下地があって新学期を迎えるので、ある子どもはピアノに合わせて何かをぽんぽんたたき出す、ある子はマラカスを振り出す姿があって、「今の良かったね」「じゃあ、次はこの楽器はどう？」という感じで広がっていく。で、どんな曲で誰がどの楽器を使うか話し合ってコンサートごっこを迎える、というわけです。前日まで楽器が決まっていない、ということも起こります。だから先生たちもそんなに出来栄えを気にしないですよ。

：なるほどね。行事を保育としてどんなふうに展開していくか、安家さんところではコーナー形式で一定の時間、いつでもいろんな楽器に触れることができる物的環境があって、人的環境である担任の先生の進め方がうまくいくように、園としてコンサートごっこという行事を設けた。しかも関係づくりが一番必要な１学期に。となると物的環境と人的環境が混じり合って子どもは楽器（音楽活動）とより面白く豊かに出会えた、というわけですね。

：うちはそうでした。まあ、各園それぞれでしょうけどね。

まとめ

行事と日常保育はどのように絡み合うのか、行事の形や取り組み方から考えてみよう。

幼保の違いを理解

：これまで対談してきて思うのは、幼稚園と保育園の制度の違いもそうだけど、子どもや保育に対する感覚が違うと思います。

：そうやね。うちは保育園と幼稚園、両方してるから、違いが分かるけど、これって保育内容にどのように影響しますか。

：現状の保育制度では、夜８時まで保育しているので、勤務時間はローテーションになります。５歳児の担任でも、遅番のときは朝の11時過ぎにしか出勤しない。土曜日も保育しているので、担任保育士が出勤したら次の週の平日に振休を取ります。そうなると誰かがクラス担任をするので、打ち合わせや伝達をするので学級王国はつくりづらいし、担任主義にも陥りづらいですね。けれども新人やフリーや乳児の保育者がクラスに入れ替わり入りますから、いろいろ問題があって、そこは幼稚園と大きく違いますね。

：必然的に打ち合わせが必要になるチーム保育になるというわけですね。

：チーム保育と言えば聞こえはよいけど、法人内のいくつかの園では１人が週に２回３時間とか、合間あいまを短時間のパートさんでつないでいる園もあって、150人の子ども（幼児90人、乳児60人）に対して60人の職員がいたりするので、時間刻みの日々の職員配置作業が管理職の大きな仕事の１つになっています。ですから、保育の中味がツギハギみたいにならないように頑張ってます。

：でも、それは園が悪いのではなくて、働き方を含めた日本の社会状況を何とかしないと制度も変えるに変えられないですね。

社会と共にある保育園、幼稚園とは

：その通りです。だから、今、話題の働き方改革を社会全体で推し進めてほしい一方で、目の前の課題に対応しないといけなくて、それに当然、保育内容の共有というか園内で浸透させる仕組みが必要ですから、園ごとの創意工夫が迫られてます。

：人はたくさんいても意志疎通がしづらく、あの人は補助だからこれはお願いできない、とか「お漏らししました」「はい、交換に行きましょう」とAさんが言い、「Bさん食事の介助お願いします」とか、分業制みたいなこともあるでしょう。

：はい。東京の区立の保育園の中では、「食事担当」「午睡担当」とか生活場面での担当ごとに人材派遣会社と契約している区があります。人材派遣会社は「食事担当」のプロ、「午睡担当」のプロを社内で育成するというやり方で悪戦苦闘している現実があります。

：幼稚園の世界では信じられない話ですね。もう少しポジティブに考えて、ピンチをチャンスに生かす方法はありますか。

：職員の数が多いので、５歳児はグループ別の保育を取り入れています。「誕生会プロジェクト」や、この後のページ(P62)に出てくる「たこ焼きプロジェクト」は、基本的に１グループ５人か６人で構成されていて、それぞれに担任以外の担当者がいます。その担当者と話し合いながら活動をしたり買い物に出たりします。

：その辺、よく分からないな。

保育園ならではのできること

：クラスの中心活動といっても、１日30分くらいですから、それ以外のコーナーや園庭で遊んでいるときにグループのメンバーは抜けて、担当の保育者も乳児の午睡時とか、忙しくない時間に他の保育者にお願いして時間をつくって集まります。５歳児が準備から進行まで行う「誕生会プロジェクト」なら、その時間集まって本番の進行役やはじめの手遊びをする人、誕生児に質問する内容を考えて事前に本人に伝えたり、インタビュアーを決めたり、どの先生にどんな出し物をお願いするかなどを話し合います。当日まで３回くらい話し合いの時間を設けて、当日の朝の準備もします。５人なので全員が主役意識を持つことができますし、６グループなので、年に２回、担当することになります。

：５歳児が30人で１クラスだけだからできる、ということですね。少人数の協同性って良いかもね。

：それに保育時間が長いからできるとも言えますね。３時半くらいに担当者とグループのメンバーが集まることがあります。幼稚園ではほとんどもう帰っていますね。

：幼稚園ではその時間、書き物したり、ミーティングしたりしてますね。

：そこなんです。「研修をしましょう」とか「保育者の資質向上」と行政は指導するけど、幼稚園とは条件が違いすぎます。午後３時に安家さんの園に行ったら、みなさん事務仕事をしたり、グループに分かれて研修したりしていました。保育園ではありえないです。

同じ２時間を子どもとノーコンタクトで事務仕事するのと、子どもを見守ったり関わったりする２時間では労働強度が違います。子どもと接する時間の保育者のストレスは大きいです。

：幼稚園も何百人も園児がいる園も結構あって、こちらも厳しいです。そんな人数では、誕生会のプロジェクトとかクラスを超えた異年齢保育は困難です。幼稚園も少人数でも安定した運営ができるようにならないと日本の幼児教育はお題目ばかりで中身が伴わない気がするね。いまは大きなビジョンを持ちながら、幼保それぞれが、創意工夫するしかないですね。

：幼保どちらも、悩みは尽きないですね。

まとめ

幼保の違いを理解しながら、それぞれの強みを生かそう。

指導計画
（予習・復習）

：指導計画といわれると、小学校と同じように保育者の意図することに子どもを乗っけるイメージを持ってしまいますね。

：若い先生にいつも言っています。「ねらい・計画から入らないでね」って。「私が、この歌、うたわせたいんです」という先生もいて、「それ、子どもが歌いたい歌ですか。どうしてあなたはその歌をうたわせたいと考えるのですか」と突っ込むこともあります。

：そうそう。運動会とか発表会でも「私はこれがしたい」ってよく言いますね。それを聞いて何となく保育に前向きだなと思う反面、どうしてそこまでこだわるのだろうと思うときもありますね。

：それは結局、指導計画に対する理解が十分ではないからだと思います。

：先ほど「ねらい・計画から入らないでね」と言われたことをもう少し詳しくお話ししてください。

まず子どもの姿を思い浮かべるところから

：まず、ざっくりとしたそのときのクラスの状態や個々の子どもの姿を思い出してみます。あの子のこと、この子の事、クラスで起きたハプニングやトラブルをできるだけ時間をかけて思い浮かべてみる。

：そうすると、さっきみたいに「私は、この歌をうたわせたいです！」みたいな、ただの思いつきは出てこないですよね。

：そう、そのとき、子どもどうしの中で、例えば幽霊の話が盛り上がっていて、女の子を怖がらせたり、女の子が長い髪を垂らして男の子を泣かしてしまうようなことが続いたとき、『おばけなんてないさ』をクラスの歌として計画するのなら、よく分かります。

：どんな気持ちで歌うのでしょう。そのあと、子どもたちに何か変化が生れるのか、そこを考えるだけで楽しくなりますね。

：実際、むかしあった話ですが、５歳児でいろんな幽霊の話から、４日間くらいかけて、お化け屋敷を作りました。それから他のクラスや年中クラスに招待状を持って行ったことがあります。

：それは月案には出てこなかった活動ですね。

：それで活動が終わってから、前週のねらいは、クラスで幽霊やお化けのことを調べたりお家の人から教えてもらったりして、人間の文化といってもいい「幽霊やお化けに興味、関心をもつ」「グループで話し合って役割を決めてお化け屋敷を製作する」「作ったお化け屋敷に他のクラスの仲間を招いて楽しんでもらう」というねらいが結果から導かれる。こんなことは保育のなかではよくあることで、ねらいに縛られると子どものイメージを押しつぶすし、保育者の創意が発揮されない。

：ほんとうにそうだと思います。その際、事後の振り返りの仕方が大事になりますね。

：そうですよ。事後に振り返るときに、「ああ、こんなねらいをもってやっていたんだ」と後付けで自分の保育のねらいに気付くこともありますよね。要は、ねらいや指導案はあくまでも仮説に過ぎないという意識をしっかり持つことで、子どもの姿の変化を感じ取り、修正したり新たにやり直したりする柔軟性につながります。

：それから虫に興味を持ちだした時には、虫取りに出掛ける活動も必要だけど、コーナーに虫の図鑑を整えてお世話の仕方を自分たちで調べられるような環境も大事ですね。

事前と事後に仕掛けを

：仕掛けや工夫がいるね。それも事前と事後の両方に、ね。

：どういうことですか。

：こんな事に興味を持ってほしいという思いがあれば、絵本や図鑑を用意して、興味を受け止める。これは、ねらいのための仕掛けです。虫よりも花をたくさん取る子が多かった、ということは虫が苦手か、興味を示さない子が多いことが分かったので、コーナーでは草花の図鑑に置き換えようと子どもの姿からしつらえを変えていく、そんな振り返りの仕方が大事です。

：計画を立てる前の「予習」と実践が終わった後の振り返りという「復習」が大事だと思います。私は、新任や経験の浅い人には思いっきり予習をするように求めます。担任が投げかけたことから予想される子どもの姿を幾とおりも頭に描く。頭がパンパンになるまでイメージする。それから実践するとたいていう

まくいかないことが多い。その後、どうしてうまくいかなかったのか、先輩の保育者を交えて振り返る。「予習＝予測力の訓練」を精いっぱいすれば、「復習＝洞察」の意義も深まり、子ども理解や子どもの傾向理解など保育力の育成につながると見通しています。

：いくつくらいの仮説が頭に浮かべることが出来るか、そこが勝負ですね。

うちは実践活動中の写真を１～２枚取り上げて、学年の先生たちが観て、あれこれ話をします。何が育っているか、何が育とうとしているか、この子の思いは、などなど、１枚の写真で５分でも10分でもいいし、盛り上がれば30分くらい話ができます。これってとても頭を柔らかくしていると思いますね。復習でもあるし、予習の準備みたいな微妙なところがいい。今、例の「10の姿」の枠組みをつかって付箋をつけてやってますね。結構、人間関係に偏った見方をしていたことが分かったりしました。「保育とは必ず出会ってほしいことに偶然のように出会わせること」（秋田喜代美先生）、これは「なるほどな～」と感心した言葉です。環境の構成が大切な所以です。

：「10の姿」は到達目標的に捉える危険性があって賛否ありますよね。大局的に批判するのはたやすいですが、現場では、最大限活用しようという姿勢が必要だと思います。ですから、次の章では「10の姿」をネタに対談を続けたいと思います。

まとめ

子どもたちを見ながらしっかり「予習」を、実践後にどうしてうまくいかなかったか「復習」をすることで保育力をアップしよう。

一人ひとりの育ちを見取る「個人内評価」

平成になった頃、日本の教育の基本を指し示す法律である「幼稚園教育要領」や「小学校学習指導要領」が従来のそれから大きく変化しました。小学校の具体的変化は、学ぶ内容を整理統合し少なくする事と、生活と学びをできるだけ結びつけて学びを促す「生活科」や「総合」という教科の新設です。それまでの教育の評価は「相対評価」でした。相対評価というのは、簡単に言うとクラスの中で何番目という母集団の中でその子の順番を決める評価で、偏差値がその代表格です。その評価の仕方が、絶対評価へと変更になりました。学習指導要領ではその学年で教える内容が決められています。その内容について、その子どもが期間内にどのくらい達成したかを測るのが、絶対評価の方法です。ですから、相対評価では、５段階評価の最高である５は、全体の７％位しか割り当てられませんが、絶対評価では、クラスの80％の子どもが内容を良く理解していれば、５段階評価で言うところの５が割り当てられることも可能になります。

幼児教育の教育評価は「相対」でもなく、「絶対」でもなく「個人内評価」です。一人の子どもが、ある期間に何がどのように育ったのかを評価します。幼児教育には教える内容が幼稚園教育要領によって決められていません。各園毎に決められる保育目標と教育課程を基本として、指導計画を立案し、毎日繰り広げられる生活や遊びの中で、保育活動を実践します。一人一人を観察する

中で、子どもの内面的な育ち、主に「心情、意欲、態度の育ち」を評価しています。

幼児教育はこのような評価観ですから、障害があるなしにかかわらず、それぞれの子どものその期間の育ちを見取ることで保育が成立します。また、正解が教える側にある小学校以降の教育とは違って、子ども一人一人に感じ方考え方の違いがあって当然という、子ども側になり込む教育が保育なのです。しかし、保護者も含めて、大人の中にある評価観はどうしても人と比べる相対評価に偏りがちとなります。ほとんどの子どもが鉄棒ができるのにうちの子だけ、とか、みんな部屋に入ったのにうちの子だけ外で遊んでいる、とか、みんな食べているのにうちの子だけ偏食で食べることができないなど、どうしても相対評価である、他の子どもと比べるような評価観が頭をよぎります。もちろん、年長の卒園の段階では、社会生活を営む上での「態度」の育ちが求められます。例えば、人の話を聞く時にはその人の方を注目して喋らない、という「態度」の形成です。このことが身に付いていることを前提に、小学校以降の50分ほどの教科教育が成り立つことは事実ですが、３年間を使って、ゆっくりと育ちあがるのを見守ります。

(安家周一)

2章

幼児期の終わりまでに育ってほしい姿

改訂により、幼稚園、保育園、認定こども園などと、

幼児教育施設と小学校をつなぐために、

「幼児期の終わりまでに育ってほしい姿」10項目が出てきました。

子どもの育ちの方向性を示すものとして、

現場でどのように受け止めていくのがよいか、

ひとつひとつをテーマに、探っていきます。

「10の姿」はありえない!?
(私はこんなふうに考えます)

片山喜章

「10の姿」をご覧になりましたか？　とてもすばらしく「ありえない」子どもの姿です。**保育によって育みたい子どもの姿がこれほど素晴らし過ぎて良いのでしょうか。**驚きです。経験的に言えば、いつも大声を出して悪態をついていた子どもが、やさしくたくましく、リーダーシップのある大人に成長する姿をたくさん見てきました。

厳密に言うと私たちは、国家から「10の姿」を幼児期が終わるまでに「育ててほしい」と託されているのです。**しかし私たちが育てたいものは目には見えない心の部分の方が多く**、それを具体的な見える姿で現わすことは困難です。国家が国民に求める人間像のようであり、だからといって「悪い」とは言い切れず、まさにいろんな意味で“ニッポンらしいなあ”と私は感じます。

欧州のいくつかの国のように「民主主義の担い手を育む」という目標なら、国民全体を巻き込んで幅広い議論も可能です。しかし日本の場合、特に保育の世界では、私たち自身、保育を深く語り合う習慣を持ちえているとは言えず、日本社会全体を見ても、自由にものを言え合えるほど社会は成熟していません。そんな状況を反映して、一方的に国家が提示せざるをえないのかもしれません。

第一「10の姿」を考え出した人たちでさえ「これは到達目標ではない」とか「「10の姿」にとらわれなくて良い」とか、柔軟なメッセージを送っているのですから。

保育界以外の人たちに「10の姿」を読んでもらうと大笑いする人、苦笑する人、様々ですが一様に隔世の感があると言われます。保育現場の受け取り方はどうでしょうか。やはり、この保育・教育界が、社会全体からかけ離れた特殊な存在であるように思えます。“忖度”“おもてなしの心”“甘えの構造”“空気を読む”など日本人の気質や生活文化は、欧米の自立した慣習や民主主義をこれからどのように取り込んでいくのか、「10の姿」が今後、どのような姿に変貌するのか、日本の10年後が楽しみです。

一方、保育現場は、常に与えられた制度の下で最善を尽くそうと努めます。それが使命です。その観点で「10の姿」を見据えると、**計画の際に意識するよりも１つの実践や活動を終えた後の“振り返りの視点”に活用すると効果的**だと考えます。実際、私が関わる法人の７園では、活動後の子どもの写真や動画を見ながら「Ａくんは…」「Ｂさんは…」と「10の姿」を手元において「良いところ探し」

をしています。「10の姿」が全く当てはまらない場面もあります。けれども保育者集団が個々の子どもを知らずしらずのうちに、「10の姿」から「肯定的観点」で評価している、と言えます。それは保育者にとって心地良い時間です。

「10の姿」を用いた“振り返り”を重ねると、**自分の保育や関わり方に偏りがなかったか、子どもの姿を幅広い観点で見ていたか、など、自分の資質を高めるマインドが醸成されている**、と私は感じています。逆に「10の姿」をねらいにしてしまうと、振り返り時には「できていなかった」とマイナス評価にならざるを得なくなります。

今回の改定は幼稚園、保育園、こども園、その上の学校までが、同じ土俵に上がったことを画期的と評価する声があります。大学入試も大きく変わると期待の声もあがっています。しかし日本の乳幼児保育を実質的に担っている私立の園の先生たちの処遇を公立の先生並に保障する平等な社会＝土台づくりなしに画期的成果は期待できないと確信します。今までこんな話はタブーでした。

国家が「10の姿」を現場に求め、現場も保育の質の向上を本気で願うならば、保育者の処遇改善と同僚性を軸にした共有循環型の有効な研修体制の構築、それを保障するための時間の確保（特に保育園）は喫緊の課題です。園生活と現実社会が限りなく相似形に近づいてこそ「10の姿」に命が宿ります。これからの保育は、日本と世界の政治経済の動向に大きく左右されることでしょう。民族紛争と難民問題、そして飢餓と貧困、核問題、新自由主義経済の破綻、国家と分断社会(たくさんの専門書が出版されています)など、子どもの将来にとって**最重要である外枠の「環境」**について注視し洞察し言及せずにはいられなくなる時が間もなく到来すると思われます。園長、主任、担任など、それぞれがそれぞれの役割を担いながら、自分自身の価値観や生き様を模索していかないと「新要領」も「新指針」も「10の姿」も“絵に描いた餅”どころか“絵にも描けない餅“になることは必至です。

現在の保育の課題には「人類進化の歴史」「日本文化の推移」「国際紛争と平和」さらに「AI」や「グローバリゼーション(世界化)とローカルガバナンス(地方自治)」など、最先端の知見や最新情報など、今まで関係が薄かった専門分野の協力をあおぎながら『子ども主体の園生活』を創造することにもあると思います。人間主体の社会生活の実現です。

未来社会の姿とは、高度な科学技術によってもたらされる生活空間でもインフラでもありません。人間の子ども、それ自体が未来です。換言すると、教育とは未来の大人から私たちが学ぶ行為です。『子ども主体の園生活』は現代社会において過酷な条件、傷ついた環境にさらされていまだ成立に至っていないと捉えています。けれども「10の姿」を保育者集団が自分自身の生きる方向性として胸に刻印して、この仕事に従事するなら、目の前の子どもたちは、きっと進化した人類社会を創りあげるだろう、と私は期待しています。

健康な心と体

「幼児期の終わりまでに育って欲しい姿」より

：「健康な心と体」って、配慮児や身体に障害がある子をどんなふうに考えたらよいのか、戸惑ったりしないかな。

：「健康な心と体」って文字や言葉になると、確かに障害のある子の保育はどうするの！と思わず言いたくなるよね。

：個別配慮をして保育しましょう、ってことかな。

：その程度の解釈でいいと思う。だけど「安全」というところが怪しい！

：どういうこと？

：「健康で安全な生活を」と言うと、じゃあ、木登りはダメ？包丁を使って野菜を切る事ってどう？　…木登りも包丁を使うことも大事だよね。

：「安全に気を配り、状況に応じて安全な行動が取れるようになる」ということは木登りをして落ちたり、包丁で何度か指を切ったりしながら、身のこなしがうまくなったり、安全な使い方を体得していくってことだよね。

：そう、そんな経験をしないとダメ。子どもは冒険心や探求心があるからそこを全部禁止していたら、そのときは、ケガをしないけど、同時に身のこなし方や安全を学ぶ機会を奪うことになる。これって今の日本社会で結構たいへんなこと。子どもの将来のために、園長は腹をくくらないといけないよね。

：世の中、ケガを経験させない方向に進んでいて、何かあればマスコミは大騒ぎ。この前、巡回指導で「指を切らないように大人が手を添えろ」「ニンジンやジャガイモは堅いからクッキングに適さない」って言われてひっくり返りました。他の自治体でもお餅つき行事でたまたま食中毒が出た（軽症）だけで、「お餅はついてもいいけど、食べるのは市販のお餅を」という通知が全市に出されたと聞いてがく然としました。

：何ですか、それ!?　日本の行政は事なかれ主義って聞くけど、そこまで言いますか。もっと行政が先頭になって子どもの将来を見据えて「健康な心と体」を考えないとね。

：私がドイツのバイエルン州で実際、目にした分厚い幼児教育カリキュラムには《子どもはケガをする権利がある》と明記されています。実際、ナイフでパンを切っている子に「大丈夫？」と声をかけると“大丈夫！　僕この前、手を切ったから”と傷跡を見せてくれたというエピソードも聞きました。

「健康で安全な生活をつくり出す」って？

：要領や指針を改訂するだけじゃダメですね、行政や国家が子どもの将来を考えて保護者にアピールしないと。

：その通りです。それから乳児のほうのねらいでは「自ら健康で安全な生活をつくり出す力の基盤を培う」のが０歳から１歳の頃で、１歳から３歳の頃のねらいになると、「自ら健康で安全な生活をつくり出す力を養う」となっていますが、一体、どういう実践がイメージされるのか、あまり見えてこないですね。

：例えば、２歳とか３歳の子は、自分の鼻クソを食べておいしそうにすることもあります(笑)。砂場で遊ぶと口の中が砂だらけなっている。そういうことをしながら徐々に耐性をつくっていく。風邪をひいて発熱、これ炎症なんだけど、体の炎症に対する耐性をちょっとずつ培っていくことが保育の基本。だから小さい頃からそういう経験の積み上げが大切だけど、現場は保護者の理解を得るのに頑張らないといけないね。

：以前、嘱託医が小児科の80歳を過ぎた女医さんで、親によく「いっぱい病気して、いっぱい熱を出しなさい」って言っていた。

：けど、保育園では親が休めないから座薬を入れて37℃以下に熱を下げて連れてくることもある。で、その子は一日じゅう先生に抱っこ……。ほんとうは発熱して炎症起こしたいのに、薬で抑えられているから体もだるいわけ。そこもしっかり語っていかないと。

：ケガも病気も適度に経験したほうがいいと言っても、仕事を持つ保護者はなかなか納得できない。一億総活躍社会って言うけど、子どもが子ども時代をどう活躍するか、その辺の議論も必要だよね。

しっかり体を動かすには？

：もう１つ「健康な心と体」というと、戸外でしっかり遊ぶとか、体を思いっきり動かす活動をイメージしますね。

：どんな活動をしているかだね。

：私はサーキット運動やふれあいゲームのより良い展開方法を探って実践していますが、“やらせ”と言ってハナから非難する人もいます（苦笑）。縄跳びなんかも、子どもの得手不得手があるけど、担任が心を込めて促すとそのクラス全体がやる気モードになっていく。これを良い事、とか、一斉に課題を与えるのは良くない！とか、そんな〇×議論は成り立たないと思うけどね。一人ひとりがどんな気持ちで取り組んでいるか、そこを見ないとね。

：それは分からないわけでもないけど、後でも話しますが子どもどうしでつくりあげる鬼ごっこのダイナミズムにはかなわないと思うけどね。

：このあたりはいつも微妙に考えがすれ違うところですね。続きはまたの機会に。

まとめ

日頃から保護者の理解も得つつ怪我をしたり…の経験を積み上げながら体の耐性を培い、体も動かして遊ぼう。

自立心

「幼児期の終わりまでに育ってほしい姿」より

：「自立心」の項目、かなり進んだ姿ですね(P.14参照)。これ、5歳、6歳ですよ。

：まだ親や大人に対して依存が大きくて、依存することには意味があるのにね。自立を急がせると、結局、自立するのが遅れる。親や保育者は「しっかりしなさい」ってよく言うけど、そうすると余計にめそめそ泣く。「十分に泣きなさい、どうぞ私の所に来なさい、抱っこしてあげましょう。さあ、いらっしゃい」というスタンスのほうが、実は自立しやすくなるんだけどなあ。

：そうですね。きょうだいが多いと、あまりかまってもらえないから自分でやるしかない。または、兄や姉の姿を見て学習する。一人っ子の場合と育ち方が変わってくるでしょうね。仕方なく自立していくケースと、大人に依存してエネルギーを蓄えて自立に向かうっていう2パターンあるのかな？

依存と過干渉

：大事なのは、家庭でも園でも、ここ一番、失敗したらちゃんと受け止めてくれる人が居る安心感があることかな。これは依存でもあるわけでしょう。

：2～3歳児で靴や靴下を履くとき、やってほしそうな子がいる。そこで、やってあげると依存に見える。けれども、自分ででききるようになると「やってあげようか」と言っても「自分でするから、向こうへ行け」ってなる。嬉しいような寂しいような。良くないのは、自分でやろうとしているのに、もう時間がないからとか理由をつけて、大人が急いで履かせてしまう。過保護は過干渉とは違う。子どもが「履かせて」と言って履かせるのは過保護だけれど、自分でしようとしているのに、大人がやってしまうのは過干渉。こちらの方がよくない。

：そこは誤解されやすいところだな。子どもが要求してきたことに応えることはＯＫ。例えば、年長になって「園長先生、抱っこ」って来る子が居る。「久しぶりだね」と言って抱っこすることがたまにあるが、これは全然悪くない。けれども、かわいいからと言って「○○ちゃん、抱っこしてあげる」って追っ掛けたらストーカーですよ。必要以上に関わってはいけないし、ほんとうにシンドイときには甘えを受け入れる。絶対的な信頼みたいなものがあって「自立」があると思うね。

：それから、人に物を頼むことも自立のうちって言いますね。

：人間、一番しんどいのは、人に物を頼めない、人にごめんが言えないこと。大人のなかにもたくさん居るね。

：「先生や友達の助けを借りたりして」という文言がある。それには友達や先生に「やってください」と言える柔らかい雰囲気をつくることの方が大事ってことですね。では、実際に自立に導くプロセスや保育については、どう考えますか。

：そうですね。根底に依存できる環境が必要ですね。やわらかい雰囲気というのもそう言えるかな。その環境のなかで自分を発見できると思う。相手を意識して自分を試したり、けんかをしたり、物の取り合いや順番の取り合いをしたりしていく過程において自分を知り、相手を知り、“自分はいける！”と感じて自分からやってみようかなってこともありますね。

：子どもどうしの関わり合いが大事とよく言いますが、特に１・２歳のうちに、噛みつき引っ掻きを含めてモメる経験が生かされるためには、保育者に依存できたり、受け止められたりする園風土が必要というわけですね。

：そうです。失敗しても大丈夫という安心感が基本的に大切なんです。だから子どもは愛着関係が取れる時期にしっかり受容してもらう。ここで基本的信頼感が醸成されると思います。

愛着から自己肯定感、そして自立へ

：愛着関係ってベタベタしたものではなくて、自分が困ったときは先生が助けてくれる、自分の言ったことに先生は応えてくれる、そんな応答性がしっかり根付いているということですよね。それが自立のための必須条件という捉え方でいいですね。

：そう。できないときには時々誰かに手助けしてもらいながら、自己肯定感とか有能感、「自分って結構いけるやん」みたい感じ方を小学校のギャングエイジの頃くらいまで保っていると、思春期になっても腹の中に何か根拠のない自信みたいなものができると思う。こういう長いスパンで考えないと。

：園だけでは難しいですね。

：だから、家庭でも大切にしましょうという合意形成が要ります。うちの園ではもめごとがあるたびにその意味や価値を保護者にメッセージとして届けています。自制心とか自立心を年長の姿にあまりに要求し過ぎるのはまずいよね。

：まあ、それにしても「自立心」に限らず、この「10の姿」はあまりにも美し過ぎる目標が描かれています。子どもよりも保育者や園長、さらに個々の日本人や国家や行政もそれぞれ自分自身の自立について考えてほしいですね。

まとめ

まずは保育者に受け止められ、愛着が形成されることが、
「自立」に向けての第一歩です。

協同性

「幼児期の終わりまでに育ってほしい姿」より

：「協同性」って、実際、日々の保育のなかでどれだけ理解されているか疑問だな。欧米と日本では文化や価値観が違うしね。

：ここの表現（協同性の項目）（P.14参照）、こぢんまりして、ダイナミズムがないね。

：実際の保育では、ぶつかり合って罵り合ったり殴り合ったり、激しいけんかになる場面もあるけど、そんなとき、どんな見方をすればいいかな？

：取っ組み合いのけんかも含めて葛藤することが大切だね。葛藤があってほんとうの意味で分かり合える関係みたいなものが生まれると思う。年中クラスではぶつかり合う姿がよく見られてね。物を取り合ったり、友達を取り合ったり、順番を取り合ったりみたいなのがいっぱいあるけど、（年中児の時の）あの経験が年長クラスになったときの協同性や協調性の基盤になると思うね。

：今、言われた葛藤経験が肝であることを理解しておかないと、大人はトラブルがあると即“正論”で収めたがるもんね。うちでも４歳児で「『入れて』って言って！」と怒る子がいました。で、「入れて」と言うとあっさり「いいよ」と返す。５歳児ならその場合、何も言わずに黙って入ってもトラブルになりませんね。

：そこは、保護者の理解が必要だな。僕は「年中クラスの１年間はごたごたの１年間ですよ」って保護者に言います。なぜかと言

うと、他児との違いを感じる未分化の段階から徐々に分化する中で、ケンカなどの試し合いがほうぼうで起こる。すると「○君に引っかかれた」「うちの子、意地悪されたって言うんですけど」と親の声が飛んでくる。それに対して、「それが学びですよ」と丁寧に答えています。保護者と共有できないとクレームがきて担任はびびるし、園は何も起こらないような保育をしてしまう。

もめごとと協調性

：もめたり言い争ったりする場面を避けるのは協同性の芽を摘んでしまうことなんですね。でも日本人って大人ももめごとを好まない。これってどうなのかな。言い合う方が分かり合えるって実感するのだけど、「斟酌（しんしゃく）」とか「忖度（そんたく）」とか「空気を読む」という文化があって（苦笑）。それでいて“多様性”って立派な言葉は飛び交うけどね。もっと単純に相手の意見に対して「あんたの考えと私は違う！」と言い切った方が、案外後から相手の言いたかった事や考え方が理解できる場合がある。けれども、長幼の序みたいのがあって上司と部下、先輩と後輩の間で対等の協同性は成り立ちづらいよね…。

：シンポジウムでディベートしても後で尾を引くから、そこそこで済ませることが多いな。事後、相手から「さっきはすみませんでした」と言われたことがあるけど、それじゃ議論なんかできないよね。

：やっぱり島国だから？

：そう思うな。ほぼ、同じ民族で同じ言語の人たちが、長い年月、生活してきた積もり積もった過去があるからね（笑）。

：でも、そのおかげで、ここ40年くらい大きな騒ぎも暴動も起こらない国になったけどね（笑）。

：たぶん「恥ずかしいことしたらあかん」「人に指を差される事はしてはいけない」という昔からある考え方の賜物かな……。

：面白い例があって園長が職員に「思ったことは何でも言いなさい。保育でも大切な事です」と言いながら、その園長、研修会や園長会に参加して疑問があっても周りの目を気にして何も発言せずに黙ったまま帰る。

：で、帰り道、園長仲間とぶつぶつ文句や愚痴を言い合う（苦笑）。

：そうなんです。これ、民主主義的な態度じゃないですよね。

：日本の民主主義はまだまだ先。先生の言うことが絶対なので、「嫌です」とか「他のことがしたい」と子どもたちもなかなか言えない。そんな空気を読んでいる子を、大人は評価するからね。

たこやきプロジェクト

：だから目標を共有した活動を通して葛藤するのがいいですね。で、私の法人内の１つの園では「たこ焼きプロジェクト」に取り組んでいるんです。

：たこ焼き？　ほ〜、おもしろそう。

：これ、５歳児が少人数のグループ（５、６人）で準備から作って食べて片付けまで協同性を発揮してやり切る。そのなかでたくさんのことを学習しましたね。例えば、たこ焼きの量を多くしたいから、お水をたくさん入れて生地をつくると、べちゃべちゃになって

固まらなかった。そのときの子どもらの深刻な顔が、今でも浮かんできますよ(笑)。このプロジェクトは月１間隔で同じメンバーが担任以外の保育者と５回繰り返しました。

：事前にどんな話し合いをした？

：はじめは担当者が手順を説明して、そこでＱ＆Ａ。５人、６人の子どもと担当の保育者だけで話し合うのでどんどん会話が弾むしアイデアも出る。グループによって話の中味は全然、違う。２回目、３回目と進むにつれて、自分たちで具を決める視点も変わってくる(ニンニク、ダイコン、コーン)、電卓で計算して予算内での買い出しもうまくなる。事後の「反省会」の内容が深まっていったのは小人数のグループで同じテーマを同じメンバーで繰り返したからかな。

：なるほど、幼稚園、保育園ならではのダイナミズムやね。

まとめ

葛藤する経験を積んで、「協同」へ向かいましょう。その際、目標を共有した活動だとより良いでしょう。

道徳性・規範意識の芽生え

「幼児期の終わりまでに育ってほしい姿」より

：道徳性・規範意識と聞くと生活指導のイメージがあって嫌だね。

：規範意識って、ポジティブに「自己抑制する力」って考えたらどうかな。

：見た目のお利口さんとか、きちんとしてる、というのとは違うよね。逆に子ども時代のわるい行ないがポジティブに自分を抑制する力に関係しているって考えてもいいのかな。

：そう。でも世の中の多くの人も“良い・悪い”は教えないと身につかないと思っているからね。良い事、悪い事の判断は言われて育つものではないしね。河合隼雄先生が『子どもと悪』（岩波書店）っていう示唆に富んだ本を書いているね。

道徳性が芽生えるには？

：「相手の気持ちが分かるように」と言われても“どんな経緯があったのか”が問題ですよね。「ゴメンね⇒いいよ」みたいに、事をまるく収めようとするのとは違うでしょ。

：その子の感性に響くような経験がないと芽生えないのに、「折り合いをつける」って言われても、現場は戸惑うよね。

：赤ちゃんもハイハイしながら、他の子を引っ掻いて泣かしたら、あわてて周囲を見渡します。バレてないかどうかって（笑）。

：悪い事した～ってわかっているわけね。ということは良い悪

いは教えられなくても分かっている。そのとき大人がどんなふうに関わるか、そこがポイント。ダメなものはダメって言うけど、その子がどんな気持ちでダメな事をしたのか、そこを理解しないでただ注意しても心に響かないよね。

：そうだな、ケンカの仲裁も加害児の気持ちをよく聞いてあげた方が、それこそ葛藤しながら"悪かったな～"という顔することがあるようね。そこを念押しするようにしかると、せっかく芽生えた規範意識も台無しだね。

：この先生が好き、お母さんが好き、という関係ができていたら、好きな人を困らせることは申し訳ないって気持ちがしぜんに湧いてくる。

：その子の事をよく理解して、好かれる大人になることが道徳性や規範意識が芽生えるための基本条件!?　実際は大人の都合を押しつけることが多いからね。園庭のすべり台の逆さ登りは禁止、花壇に入るのも禁止。中学・高校では女子のスカートは膝下○㎝までにしなさい、茶髪禁止という校則もあるしね。

：何のための規則なのか、そこを話し合わないと。けど、５歳児の鬼ごっこを見ているとおもしろい。４歳児のときには、ちぐはぐなことがあって長続きしないけど、５歳児になると、それも気の合う者どうしが「鬼ごっこしようぜ」と言って、はじめは「高鬼」をする、そのうちに飽きてくると「色鬼も入れて、色高鬼にしようぜ」とか言って自分たちでルールを変化させて、嬉々として１時間くらい遊び込む。みんな汗びっしょりかいて。けど、その子らが４歳児のときは、ルールが守れなくて続かない。「ルール、守れなかったらダメ！」と言い合っていた。対等な関係でお互いをなじったり、いたわったりもする。そのごちゃごちゃの経験が５歳児になったときに、一定のルールの中で長く続く姿につながっている。それがすごく顕著に見えるよね。

：なるほど、４歳児の“もめる”は、規範意識の芽が育とうとしている姿でもあるってことかな。それも“対等”にぶつかるからもめる。その経験が後になってルールを生かす力にね。しかも、面白くするために自分たちでルールを発展させたり…。

：ルールを共有して守るから楽しめるし発展もする。そこまで熟すのに時間がかかる。４歳児のとき、先生がルールを守らせようと関わったら、きっと面白くなくなっていた。先生は、この見通しを持って我慢しないとね。

子どもたちでルールを決めてみる

：こんなのはどう？　さっきの「すべり台は逆さ登りしません」とか「花壇の中には入りません」というルールについて、実は子ど

もたちとルール作りをしたんです。

：約束事は子どもと決めた方がきっとうまくいくよね。

：そう、すべり台も乳児が出ている時間はダメで、その後の時間は良い。それを知らせる札も彼らが作りました。花壇もダンゴムシを取るときは先生に言ったら入っても良い、とね。

：そしたら約束、守るでしょ。そんなもんです。

：で、もう１つ、毎週、続けているサーキットを５歳児だけ、４回に１回は事前に子どもと話し合ってコースと遊具の設定を任せてみた。すると大人が思いつかない設定をする。ペットボトルを縦横いっぱい並べて迷路と言って自分で好きなようにジグザグに走ったり、２人組の手押し車のコーナを作って背中の上にパフリングを乗せて落とさないように進んだり。しかもふだん多動ですぐにあきる配慮児がその時間だけは、順番抜かしするほど熱中したんです。普通のサーキットは途中で抜けてしまうのに。これは驚きです。このとき、子どもと話し合いをする際のファシリテーターの腕前が大事だと振り返りがありました。

：道徳性や規範意識は、一人ひとりの声をくみ取る保育者の力が弱いと、ただの押しつけになってしまう危険なものでもあるよね。

：まったくその通りです。

まとめ

3・4歳児で「もめごと」の経験があるほど、５歳児のときにしぜんとルールを守ろうとする姿につながっていきます。

社会生活との関わり

「幼児期の終わりまでに育ってほしい姿」より

：「運動会などの行事において自分で国旗を作ったりして」って活動内容まで明示されていて、凄〜い違和感があるよね。なんだか戦時中の文言みたい。

：家族や家庭が基盤になることが言いたいのだけど、子どもの貧困や虐待の件数も増えていることに向き合っているのかな。

：では、保育の中で心掛けることは。

：例えばLGBTじゃないけど、家族の概念がすごく変わってきた。家族から愛されている実感を持てているのかどうか心配だな。子どもが安心して育つためには、異論はあると思うけれど、父ちゃんと、母ちゃんが仲良しであることが一番。だから卒園式では保護者に「別れたりせんと仲ようせなあかん。嫌なことがあるだろうけど、あんたらは配偶者やから、偶然配られた者たちなんやから、仲良くなるようにがんばりや」って言います。結局、子どもが一番安心して育っていけるのは、そこですからね。

：なるほど、夫婦関係にまで言及しますか。多くの保護者を前に、そこまで言えるのは安家さんくらいかな。でもすごい。

：いまどき「母親教育」って上から構えても説得力がないし「共育て」と言っても具体が見えてこない。そこでクラスの担任と保護者が身近な話題で定期的に話し合える機会を設けるといいですね。で、必要に応じて園長が関わると個別相談を受けることがある。今

もずいぶんたくさん受けてますよ。だから各家庭との関係づくりは園長が率先して行う業務だと思うけど。

：園長と保護者は夫婦関係のように"仲ようせなあかん"ということかな(笑)。

：結局、そうなるよね。我々が、一人ひとりの子どもの家庭を大切にするという実践だからね。

国旗、国家と保育

：大切にすべきものとして、国旗や国歌のことが入ってきて、ずいぶん話題になっていますね。オリンピックでは、日本中が日の丸を眺めて、君が代を歌って、ジ〜ンとするのにね。

：賛否にこだわる人、多いね。

：小学校の式で君が代をピアノで弾くのをやめてほしいなあ〜。ピアノの途切れ途切れの音で弾くのはナンセンス。楽曲に失礼ですよ。

：オルガンかアコーディオンならいい？(笑)　でも愛国心を国旗や国歌を使って教育しようとするほうがナンセンスかな。

：自分の国の国旗や国歌を大事にするのは当たり前の事なのに、日本のように国旗掲揚に反感を持つ人が多いのもめずらしいし、式典などで国旗を中央に掲げて、神妙に頭下げてから壇上に上がるのも奇妙だな。

：むかし「旗日(はたび)」と言って、祝日には家の玄関に日の丸を揚げたもんです。どうも社会＝国旗＝国家という構図が社会生活、社会性とつながってるんじゃないかな。

：社会性とは、自分を抑えて組織や会社、極端に言えば、国家への帰属意識を高めることだと考える雰囲気がありそうですね。
：そんなことをしなくても外国に行ったら日本を感じるよね。パスポートを持って他の国の慣習や文化や宗教に接すると「ああ、やっぱり日本っていいな」と思う。だから、そんなに強制されなくても外国に何度か行けばしぜんに感じるけど。海外から来た人たちが不思議がるのは日本の多くの人は車が全然来ないのに赤信号なら渡らないってこと。これも社会性？
：個々人の判断が大事にされてないってことかな。「社会生活との関わり」なんて言わずに“民主主義を担う子ども”とさらっと言えば「社会性」「道徳性」「規範意識」とか誤解を招かないで、深い議論ができるのにね。
：結局、わけがわからないようになってきて、“「10の姿」は相互に関連しています”みたいな、本質からずれた議論で国旗についても議論してしまう。

運動会や日々の保育での関わり

：運動会で万国旗ぶら下げていますか？うちは全員の子どもが描いた自画像を貼ってましたけど。
：うちは、だいぶん前から止めている。そのかわり、世界地図を広げて世界の国の位置とか広さを調べて、世界の国旗を自由に製作して、国旗と国の名前当てクイズなんかやってたね。世界に関心を持ってる姿ですよね。
：うちの横浜の園では、毎月、世界の郷土料理を給食に出してました。ロシアの料理とかベトナム料理とか。栄養士が食べる前に

いちおう説明します。で、それにちなんで、その国の国旗や日本と比較した地図を貼ったりしますね。

：大人が？

：そう、その月担当の保育者がね。そこから、コーナーなんかで子どもたちが広げていくけど。

：でも、小学校になったら、そんな応用がきかないね。みんなで同じことを同じように習うことが社会性だと思っている。学校（先生の願い）と保護者（子どもの思い）の間にネジレが生れる。親も先生にばんばん文句を言う。親が先生に敬意を表すと、子どもも親や社会を大切にするんだけど、現状、なかなか難しいね。

：大きな変わり目かな。やっぱり、保育現場から民主主義とか、公平とか、人権を意識した実践をして、そこから社会生活のあり方を考えていきたいですね。

まとめ

子どもたちの社会生活との関わりは、日々の保育の中でしぜんとかみ合うようにしていきましょう。

思考力の芽生え

「幼児期の終わりまでに育ってほしい姿」より

：“思考力の芽生え”って分かるような、よく分からないような感じです。協同性や表現と似たような感じがしますね。探求心を促し、探求心に応えましょうということですか。

：確かに、友達と一緒にしようと考える態度や思いやりや優しさも思考力の範囲だけれど、どちらかといえば、左脳の方で、不思議に感じる思考や筋道をたてて考える力ってところかな。

：そうすると、単純に観察コーナーや科学コーナーを設定するというものではなさそうですね。どんな保育をすればよいでしょう。

思考を働かせる環境

：科学コーナーとして常設しなくても、いろんな場面で思考力を働かせることはできますね。例えば、オタマジャクシを保育室やテラスで飼育している場合、生き物としてかわいいと思う子もいれば、手足が生えて来てどんなカエルのなるのだろうと不思議に思う子もいる。そこに図鑑などがあると興味を持った子どもは、わくわくしながら調べます。まさにそのとき、思考力が働いている。けれども、先生がまったく関与していなかったら、その力をどれほど発揮しているか、わからないです。先生が見ていて、その子どもの話を聞いてあげると、得意気にいろいろ話をしてくれます。そのとき、先生はその子の思考力がすごく働いていると感じ取ることができて、図鑑を何となく置いたことが意図したことだった、と気付くことがありますね。

：なるほど。なんとなく設定したことが子どもの探求心や思考力によって保育者の意図していたことになるっていい話ですね。「さあ、さあ、みなさん、この図鑑をしっかり見て、オタマジャクシを観察してくださいね」と働き掛けるのとは、違いますね。

：そのあたりが微妙な難しさです。先生から図鑑を見て、観察して、と言われて、興味を持つ子も興味を示さない子もいます。でも一応声掛けするのはアリですね。一斉保育で、クラスみんなで4つくらいのグループに分かれて、それぞれ水槽のオタマジャクシを眺めて、話し合うのはちょっと違うかな。学校の授業がそんな感じです。ここではその子が水槽のオタマジャクシに出会って、探求心を抱いて、その後、図鑑を発見して調べ出す。ここに思考力の芽生えの原点があります。

コーナー・ゾーンで科学にふれる

：うちの法人は、どの園でも朝夕と週1回、ずっとコーナー・ゾーンの活動をしています。勝手に「マルチラーニング」と呼んでいますが、科学のコーナーはなかなか面白い。磁石がテーマのときは、クリップがいくつつながるかとか、園内をあちこち歩きまわって、何がくっついて何がくっつかなかったか、書き出して分類する。もちろん、毎週、担当の保育者がつきます。冬場は、アクリル板を使って静電気をつくって、髪の毛を逆立てたり、パチパチさせたり、「セイデンキ、セイデンキ」と言いながら雷や電流、電圧について担当の保育者といろいろ話を膨らましていることもありましたね。

：確かに科学のコーナーがあるといいね。自分で興味を持ってそこへ行くし、先生たちも勉強になる。うちなんか私が好きだから木工をよくやります。以前、幅10㎝くらいの板を４枚、釘で打ちつけて、□(四角形)を作ることになった。４人の子どもでしたけど、そのうちの１人の子が、２枚の板を直角に置いて釘を４本使って打ちこんでしっかり固定した。さらに、その横に直角になるようにしっかり打ち付けた。コの字になったわけ。そこまではよかったけど、最後の１枚が微妙に直角にならずに、釘を抜いてやり直し、ということになった。子どもたちはとっても悩みました。１人の子は投げ出しそうになっていました。そこでどうしたと思う？

：さあ、保育者でも悩みますね。

：私はヒントをあげました。私は２枚の板を１本の釘で止めました。１本だから時計の針のように動くわけ。もう１枚１本の釘で止めました。コの字になりますが、関節みたいにぐらぐら動く。で、１人の子どもはすぐに要領を得ました。４枚とも釘一本で止めて、ぐらぐら動かしていました。“これくらいでよし”と思ったところで、釘を２本にして、ぐらぐらしないようにしました。その後、他の子も納得した様子で続いていきました。最後は、□(四角形)になって、しっかり固定されたということです。

：なるほどね。思考力といっても、オタマジャクシのように探求心をバネにして思考力を働かせていくものと、板で□(四角形)を作る作業を通して、保育者や友達から学ぶ。このとき、うまく作るために知りたい欲求がはたらいていることがポイントかな。そこでコツを教えてもらって、理解した。この知恵は後々、きっと役に立ちそうですね。

：だから、先生たちも色々な知識やスキルを身につけておく方がいいよね。

まとめ

探究心は思考を働かせるための大切な要素。友達との関わりでさらに深まります。

自然との関わり・生命尊重

「幼児期の終わりまでに育ってほしい姿」より

：“自然との関わり”っていうけれど、都会の保育園では園庭がなかったり、園内にも自然がなかったりします。地方では自然がいっぱいですから、そもそも保育の条件が違いますね。それに幼稚園や保育園で、自然に触れることを意識するより、家族で山や川に出かけて＝楽しいアウトドアの経験をしたほうが、きっといつまでも記憶に残ると思う。園では、家族で行った思い出を話し合ったり、分かち合う事ことで自然を感じたりできないかな。

：それはそうだけど、家庭はそれぞれ違うので、テーマパークばかりで自然にふれるとは限らないし、自然といっても家族を交えた思い出があるので、それは別かな。それに自然の風景をたくさん見るということよりも、自分たちの手でどれだけ土や水、草木や昆虫、小動物に触れるかってことを保育のテーマにすべきじゃないかな。

残酷だけど必要な経験？

：「10の姿」全般でそうだけど、あまりにも素直で明るい模範的な姿が書いてあって、命のあるものをいたわったり、大切にしたりするのは、そうそう叶うものではないと思うけど、どうですか？

：自分の体験から言えば、生命を尊重するには、その前提として、子どもの頃、たくさんの虫や小動物を殺す経験が必要だと思いますね。

：そうですよね！

：近年は、清潔で虫の居ない生活が当たり前になっているから、保育室にちっちゃい虫が１匹飛び込んできただけでも、保育者を含めてきゃ～きゃ～大騒ぎしますね。で、すぐに殺虫剤を持ってきて、シューってするわけ。ちょっと違う気がするな。

：安家さんが子どもの頃ってどんな感じでした？

：そうね、ザリガニ釣りは当たり前のようにしていました。で、１匹捕まえたら、そのザリガニをむいて、それをくくってザリガニでザリガニ釣る。そのときの、ぞくっとする感覚が何とも言えないもので、これって大事だと思うけどね。それから、カエルを捕まえて、カエルの足をちぎって、それをくくってザリガニを釣ったこともあるね。そんな経験って非常に残酷だけど、大事ですよね。

：私も同じような経験をしてきました。カエルの独特な臭い、小便くさい臭いは今も鼻に残っていますね。タニシの臭いや蝶の臭いも、元気で記憶の中で暮らしていますよ。

：臭覚、嗅覚というのは最も記憶に残るってね。だから「臭い」の経験も大事ですね。

幼少期の残虐性が、今、問題になっているけれども、大昔から50年ほど前までは、当たり前にやってきた。特に男の子は。それで育ってきた。いま、どんなふうに考えればよいのか、よく分からないな。

自然とどう関わる?

：私も蛇（青大将）を見つけたとき、そっと尻尾をつかんで、どきどきわくわくしながら、ぐるぐる回して、コンクリートに打ち付けて殺した。探求心とか好奇心の一種だと思うけど、そのときの気分は、自分は強い、自分の方が勝った、どんなもんだ、という気分でした。そしたら、友達４～５人が尖った石を持ってきて、蛇のお腹を切り裂いた。すると中から、カエルが、そのままの姿で出てきた。わーっとみんなで叫んだけど、みんな、ほんとうに変な気持ちになっていた。悲しいような不思議などきどき感があって、それは今もしっかり記憶というか感覚に残っていますね。

：今この話をしたら、きっと「不快だから止めろ」って声が飛

んできそう。命の大切さは、簡単に説明できないし、言葉で教えられるものでもないですね。中学生、高校生の自死する比率は、昔に比べて増えているけれど、いじめやけんかは昔もひどかったと思う。生活がどんどん快適になって、モラルやデリカシーが向上すると残酷なことに目を背けるようになる。すると傷つきやすくなるのかな。牛や鶏を美味しくいただいているけど、殺されるところは見たくない、そんなことも関係しているかも知れないね。

：「10の姿」の注釈に「生き物のお世話をする中で愛情を感じ、命の素晴らしに感動する」って書いてあるけど、自分が癒されたいから、ペットなど、逆らわない小動物をお世話している気もするよね。そうではなくて、もっと耐性をつけないとね。野に咲く花を取って来て、自分の家の花瓶に生けるのは、どうでしょう。

：森林伐採でわかるように人類は自然を壊して繁栄してきた。『サピエンス全史』(ユヴァル・ノア・ハラリ著、河出書房新社)という本、読みましたか。人類は地上の生き物を食べ尽くしてきた。生き物を大切にするってことは、根本的に人類みんなで考えないといけないことですね。

：その通りです。幼児教育となるときれいごとしか書かないことがほとんどです。今、この瞬間も人と人がスゴイ武器を使って堂々と殺し合っていますね、国家ぐるみで。

まとめ

自分たちの手で、実際に生き物にふれることから自然との関わりを始めてみよう。

数量・図形、文字等への関心・感覚

「幼児期の終わりまでに育ってほしい姿」より

：文字・数は、昔からず〜っと論争になるテーマですね。

：できる、できないが、子ども自身もはっきり分かるからね。この時期に何もしなくてもよいのかどうか、将来の学力にどうつながるのか、実際、分からないですね。

：この時期に、そんなことを教えるのは、危険だと考える人たちもいますね。私は、あまり関心がないというか、文字・数は学力論議とまったく関係ないことだと思いますが。

：ふだんの保育の中で、数の概念みたいなものは着実に育つよね。物を分けたり、配ったり、人数を、かぞえたり、しぜんに子どもたちは数の概念を学んでいくね。ただ、それが数式になるのは、やっぱり先でいいと思う。けれども保護者は、わが子が、読み、書き、計算ができると、賢くなったように考えてしまいます。

：受験に勝ち抜いて、良い会社に就職して、それが幸せ、という価値観がまだまだ強いですね。心底、個性の尊重がなされていない証です。

：全日本私立幼稚園連合会の香川敬先生が言われるのには、「ドイツでは、文字を早く読めることは不幸である」と。なぜなら、絵本が楽しめなくなるから。文字を覚えてしまうと、絵本を読んであげるとき、どうしてもその文字に目がいく。そうなると、絵本が楽しめない。だから、幼児期はよく見ること、よく聞くことが中心になる、と。読むことと書くことは後のほうがいいと、私も思いますよ。

積み木で身につく数量の概念

：より多くの文字が読めたり書けたりすることと、物事を深く考えることは別ものですね。数が分かるとか、計算ができることと数学が理解できることも、一緒じゃないですね。

：物の長さや太さ、形の特徴なんかの理解は、積み木が適していると思うね。

：自分が幼児だったころを覚えていますよ。積み木のセットで、親は、決められた位置に決められた向きで片付けさせるけど、自分は、いろんなパターンでうまく片付くことを"発見"して試していました。その度にしかられていたことも覚えています。

：今と同じやね。うちの園にある積み木は、長さが「1：2：3」、厚みが「1：2」になっているので、同じ形のものを作るにしても、幾通りもパターンがある。数的概念って、理屈でわかるのではなくて、感覚的に分かるという感じかな。それから、幼稚園では、やはり、量として豊かにあることが大事だと思うね。たくさんの積み木で遊びながら、その子なりに感覚的に理解しているみたいだからね。

：量が増えると教育として積み木で遊ぶ時間の量も多く取らないとダメですよね。

：そうです。子どもが自由に使える時間的、空間的な環境が用意されていることが大事ですね。以前、新築の園に行ったとき、建物はモダンでカラフルだけど、保育室は整然とし積み木は収納スペースにしまってありました。遊ぶのは「休み時間」だけということでした。となると、子どもが能動的に関われる環境ではないのです。

「手紙」で文字にふれる

：積み木がたくさんあっても、遊び時間が保障されなかったら、どうにもならないですね。まだまだ、数量、図形、文字について、私たちが基本的な意味を理解していないように感じます。関東の園では、お手紙ごっこが幼児クラスで広がりましたね。幼児クラスといっても平屋で、３～５歳児まで合わせて45名ですから、すぐに広がりますね。

：どんな感じ？

：朝夕と週１回の半日コーナー保育のとき、４歳児の女の子たちが「手紙」を書いて、自分で配達していました。そこで保育者が廊下の中央に作ったポストに入れると、最初、保育者が配達していましたが、途中から誰かが、ポストを開けて、受取人のところに行って配達するようになりました。食事の合間や午睡前後とか、おやつ後の時間など、様々です。子どもは自分の思いついたことを文字にすることに興味をもって、手紙をポストに入れる。しばらくして返事が返ってくる。この仕組みが楽しくて興味をもって字を書いていました。もちろん、他愛の無いことばかりで、当時、園長だった私とも「センセイあそんでね」⇔「いいですよ」などのやり取りがありました。話をしなくても、文字にすると言葉とは違ううれしさが伝わってくる。この経験は有意義だと感じました。３歳児も参加

して、半年以上続いていました。

：買い物ごっこやお店屋さんごっこでは、字を書いたり、お金を作って計算したりと、出来るから楽しくなるという経験をたくさんしてほしいですね。

：子どもたちは毎日、街に出たり、テレビを見たり、すごい量の文字、数字に触れています。だから私は心配していません。ただ数字は数式につながるもので、計算力ではなくて、創造性が必要だと思うのです。アインシュタイン以来、相対論や量子論など、物理学や数学は人知を超えるほど飛躍的に進歩をしています。計算力の次元ではなくて、突拍子もない考えを生み出す創造力がこれから求められる気がします。

まとめ

積み木や手紙など、文字や数にふれることができる機会をつくり、遊びが発展するくらい十分な時間を保障しましょう。

言葉による伝え合い

「幼児期の終わりまでに育ってほしい姿」より

：「言葉による伝え合い」というけれども、「言葉」を「10の姿」として、わざわざ取り上げる必要性がよく分からないですね。

：自分の思いを伝えられる場面があって、そこでしっかり話し合える環境をつくりましょう、という感じかな。まあ、丁寧な保育をしていたらしぜんに「言葉」の領域も丁寧になるけどね。でも、知っていると思うけど、言語は、外に出る言葉と心の中で考える内言があって、幼児期は内言、つまり考える事や絵本を読んでもらってイメージを広げることが大事、これ、確認しておく必要がありますね。

異年齢保育で見える伝え合いの育ち

：そうですね。うちの法人は年齢別活動と異年齢保育を半々で実践しているけれど、場面によって子どもが現わす言葉や態度がずいぶん違う。

：どこが、どんなふうに？

：異年齢の朝のサークルタイムを保育者は「とっても楽だ」と言います。５歳児が輪番で話を進めてくれるからです。言葉的には上手ではないようでも３歳児や配慮児もじっと椅子に座って５歳児の言葉に聴き入っています。そしてうろうろ立ち歩かない。これは驚きです。異年齢クラスのときの３歳児Aくんはいつも座って聞い

ている。けれども、これが年齢別のサークルタイムで保育者がリードすると、Aくんは立ち歩いて脱走することもあって、担任たちは気合いを入れる(笑)そうです。

：3歳児は、大人より、少し年上のお兄ちゃんやお姉ちゃんが話をするほうが興味を示すってことね。話の内容にもよるだろうけど、話をする人や話し方に関心がいくみたいね。誰が話しているかによって意味も解釈も聞く態度も変わるってことかな。

：そう。乳児は保育者が関わると駄々をこねたり、わざと聞いてない振りをしたりするけど、5歳児がお手伝いに来ると、おとなしくなる。5歳児が「さあ、こっちにきて〜」と言うと案外すっと行ってお世話してもらっている。けれども、その表情はお世話させてあげているのだ、という誇らしい感じに見えたりしますね。

：なるほど。だから子どもどうしで話し合うということは物事の理解や気持ちの交流という意味でも大切なんだな。でも、最近、子どもたちが話す言葉がずいぶん変わってきたと思わない？

：確かにね。語彙が豊富になってきた。つい最近、子どもどうしの会話で「ちゃんとカクニンしたんか」とか「そんなのジョーシキだろ」とか、2歳児どうしが言い争って「アリエン」と怒って立ち去ったり、異年齢でお医者さんごっこをしているとき、「じゃ、お薬、ショクゴに飲んでください」と医者役の5歳児が言うと、患者役の3歳児が「ショクゴってわからへん」と返したので「ショクゴってご飯を食べた後！」と教えたり、語彙は豊富で言葉遣いも状況に対して的を射ていたりしますね。

：メディアの影響だと思うけど、子どもたちが耳にする言葉の範囲が広がって、それが自分の思いを伝えられているっていうのかどうか怪しいところもあるように思うけど。

：友達同士がトラブルになって、数名の子どもたちで話し合っているとき、ある子が、「それならBちゃんがシャザイせなあかん」といって、保育者はなんだかニンマリしてしまったとのこと。メディアで仕入れた言葉を使うために、「Bちゃんを許してあげたら」というより「謝罪したら」という言葉づかいに至った気もするね。

話し合うことは考えることにつながる

：それはどうでしょう。でも、話し合いを大事にしている先生のクラスは子どももきちんと話し合いができるし、先生の指示が強いクラスの子は話し合いが続かなかったりする。話し合いの習慣ができるクラスの子は考える力も伸びている気がするし、自分の考え

を聞いてもらって受け入れられていると、きっといじめも少なくなると思うけどな。

：何でも話し合う習慣を持つこと、言葉の中身も豊かになり、心情も豊かになるってこと？

：そう、言葉に出して話したり、相手の言葉を聞いたりしていると、ものの考え方も深くなる、つまり内言も豊かになると考えるけどね。

：これって民主主義教育かもしれないね。でも、そのためには、20人以上で話し合いするのは難し過ぎる。どうしても特定の子が話をするか、先生が引っ張るか、になりやすい。大勢の前で発言する度胸も大事だけど、それは別問題。５～８人くらいで話し合う経験がより重要だね。さっきのたこ焼きプロジェクトみたいにね。

：そこでは、どんな発想も発言も否定されない雰囲気が大事。実際、先生に聞き出す力、引き出す力が身につくには、子どもも一緒になってアイディアを出すことも大事。そうなるとお互いにメンバーになる。以前、話が横にそれて恐竜の話題になったら俄然、いままでずっとおとなしい子が自信満々で話し出した。保育者のやわらかさ、聞き上手がポイントかな。

：なるほどね、それは職員間でも全く同じことが言えるね。

まとめ

否定されない雰囲気が子どもの意欲的な言葉を促します。

豊かな感性と表現

「幼児期の終わりまでに育ってほしい姿」より

：「豊かな感性と表現」というけれども、どんな姿を「豊か」っていうのでしょうね。

：基準なんてないですね。でも、実際、こんなふうに絵を描いてほしいという先生の願いみたいなものは、どの園でもあるよね。

：その先生の願いって、子どもの思いと同期していますか。

：う〜、現実はどうかな。例えば、母の日に向けてお母さんの顔を描く前に、子どもたちは「お母さんに○○してもらった。だからありがとう」と輪番にお話をしてくれます。これはこれで思いを伝える表現といえるのでしょうが、この後、この表現が描画の導入にされていました。机に画用紙を置いて、お母さんの顔を描きます。子どもたちは黒のクレパスを持って、先生は正面の大きな画用紙に「はい、お顔は」と言って円を描く。その後、目、鼻、口、耳と大きな画用紙に先生が描いた後に、子どもたちはそれぞれ描いていきました。最後に髪の毛は自分のお母さんを思い出して描いてごらん…。

：髪の毛はお母さんによってヘアースタイルが違うので、自由に描けるということですね（苦笑）。

：これ、昔、流行ったやり方で、今もそれに近いことがあると思います。先生たちは、これでいいのかなって思いながら、やってますね。子どもたちは結構、集中していきいきやってますからね。

豊かな感性を生むには何が必要？

：でも、だいたいみんな同じような絵になるよね。

：そう、お母さんの顔のイメージはあっても描くスキルが弱いので、こんなふうに大人が導いてあげなきゃダメと考えたり、写生画の場合でも、例えば台の上のスイカをよ〜く見て、できるだけ似せて描くように促すことも大事な指導だと考えたりする専門家もいます。

：それは悪いとは言えないけれど、“豊かな感性”が育つかな。

：こんな例もあったよ。お芋掘り遠足をした数日後、お芋堀の絵を描こうと考えた担任は、絵の具をお芋の紫色と緑色だけしか溶かなかった。そして「さあ、これから、この前のお芋堀の絵を描きましょう」と提案しました。そしたら、ある子が「センセイ、お芋とツルしか描けないやん」とうったえて、担任が戸惑っていると「お空とか、雲とか、描きたい」とさらに言いました。実は活動前に、遠足に行ったときの情景やその時の気持ちをさんざん話し合った、つまり導入が良くて子どもたちの感性が豊かになっていた。だから芋の紫色とツルの緑色だけではもの足りないと子どもたちは思って抗議したというわけ。だから、お芋を描く子もいれば、コオロギを描く子もいるし、遠足のバスの絵を描きたい子もいるだろうと予測する。すると２色でという発想はなくなる。

：なるほどね。自由画帳とちがって、クラス活動として描く場合、自由な発想が広がるように、あれこれ話を広げて、五感を使って深めて、それを画用紙にぶつけるように表現することが園の描画文化になっていることが大事だね。

：そう。でないと豊かな感性も豊かな表現もあったものじゃないですよ。

実物を見て触って五感を刺激

：絵を描くための環境を用意するとか、整えるとか、重要性が言われるけど保育者の創意が高まらなかったらほんとうにたいへんですね。

：うちなんか、自分の力だけでは無理な先生は、「こんなのどう？」「こんな準備の仕方どう？」と、先生どうしで、アイディアの出し合いをしてますよ。先生たちが芸術に関心をもって互いに話し合いをするだけで創意工夫する力って案外、会得できるものですよ。

：うちの神戸の園では、５歳児20名が円形に机を並べて真ん中にスイカを並べた。何人かずつ、でスイカを持って触りまくって、その後、切って、食べて。スイカが皿にない状態で、スイカの絵を描きました。しかも、３原色(赤青黄)と指をつかって。

：スイカを見て触って食べきってから描く絵はどんな感じ？

：たぶん触覚や味覚を刺激された後で、しかも筆ではなくて指で描いたので、色の混ざり方を含めてずいぶん表現が広がった。

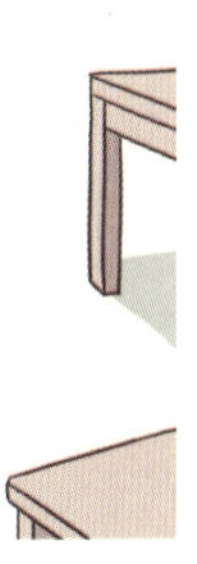

20人20色で、似たような絵は1つもなかったですよ。

：そうか、5歳児が指で描くっておもしろそうだね。

：4歳児のときも、3つの色を使って指で描いていました。そのときは特別な画用紙で、水につけてぬれた状態でしました。色のにじみが鮮やかでおもしろく、にじんでできた色と形を見て、「宇宙へ行った」とか「ぺんぺんライダーとマカンキングが戦ってる」（？）とか、後付けで物語を創ってましたね。

：そうそう。思ったことを描くだけが表現じゃなくて、偶然できた形に意味付けするのも表現だね。だから、教えるとか導くというのは、基本、違うね。

それから、さっき特別な画用紙と言ったけど、絵具とポスターカラーの違いとか、画材について、いろいろ知っておくことも大事だね。たぶんこれから教材研究が進んでいくと思うけど、それと豊かな表現ができる環境づくりも研究対象になるといいですね。

まとめ

自由な発想と五感を使う体験で、子どもの表現は広がります。

異年齢の関わりとメタ認知

私には以前より海外の幼児教育施設を視察する機会が多くあります。人種、言語、宗教、気候、国民性などが違い、一概にすぐ参考にならないものもありますが、自分の保育を客観視するにはよい材料になってきました。７年前に訪問したドイツの幼稚園は、園児数80人くらいの園で、３クラスの異年齢縦割り保育の園でした。驚いたことにその先生が就職した27年前から同じ保育室で保育を続け、３～５歳の子どもたち25人ほどが少しずつ入れ替わりながら毎年同じ担任と生活していました。調度品も先生の好みで決められ、観葉植物が茂り、妙に心地よい空間でした。

園長先生に「ドイツではなぜ異年齢の構成なのですか？」と聞くと、「日本ではきょうだいは多いのですか？」と逆質問され、「２人がふつうです」と応えると、それが答えですとの返事でした。

●ごまめルール

私たちが小さい頃はきょうだい４～５人の家庭が多く、きょうだいで毎日よく遊びました。ババ抜きをしたとき３歳くらいの弟妹が参加していると「ごまめ」のルールを適用して参加させることが多くありました。その子がカードを引くときには、わざとババを高くして、目立つようにし、引くことがないように暗に伝えたりします。ゲームをおもしろくするための知恵でした。

●メタ認知が鍛えられた

このように、自分たちが楽しんでいるゲームの進行を、構成メンバー全員で楽しむためのルールをその場に合わせて工夫することは日常茶飯事です。自分や周りの事を客観的に見、判断する視点のことを「メタ認知＝前頭葉の働き」と呼ぶのだそうです(茂木健一郎氏弁)。自分たちの遊びを客観的にとらえ、構成メンバーによって自分たちでルールを調整して作り変えることを、きょうだい間や地域の子ども集団で経験することができたわけです。この力こそ社会で生活するときにとても必要な力です。メタ認知を鍛えるには、昼間の遊ぶことのできる時間に、技量や認知力、価値観など様々な異年齢の仲間と能動的な遊びを繰り広げることこそが大切だといわれる理由なのです。

●日本では今まさにその結末があふれている

日本では一般的に同年齢教育・保育です。帰宅後、異年齢の集団あそびが存在した時代はいざ知らず、習い事などでほとんど遊ぶ時間がない現代では、幼稚園や保育園の異年齢集団がどれだけ大切かが分かります。集団で育ってほしい力であるメタ認知が育っていない人たちによって構成された社会は、想像力や客観的視点が不足し、様々な能力を生かすことのできない一律な価値観が支配する社会が実現してしまいます。

過去には意識せずに自然に育った力が、地域や家庭で不足する時代には、幼稚園・保育園・小学校などの保育・教育施設が意図的に機能する必要があります。　(安家周一)

3章

0・1・2歳児保育

幼稚園での２歳児受け入れなど、
ますます０・１・２歳児保育のニーズが高まります。
生活と遊びが一体となった乳児の保育・教育においては、
受容的で応答的な関係性が基盤となり、重要となってきます。
遊びや食事、排せつの場面など具体的なエピソードから、
押さえておきたいところを見ていきましょう。

環境と保育者の関わり

遊び環境と生活環境の両輪で

：乳児保育を考えるとき、食事や排せつなどのお世話をすることと、遊び環境が両輪になっていると思います。

：「遊び」と「生活」ですよね。そこで遊びの環境と言われても、幼稚園関係者は経験がないのでピンとこないかもしれませんね。

：保育園でもブロックだけをたくさん床にばらまいたり、リズム体操のBGMで一部の子どもと保育者が体を動かしていたり、床に模造紙を広げてなぐり描きを一斉にしたり、みんな一緒にすることに力を入れる園はたくさんあると思います。けれども本来、子どもが選べる遊び環境を設けて、そのなかに保育者がうまく入り込むことだと思います。

：環境づくりだけでなく、先生たちが遊びを促すことに力を入れてあげることも大事ってことですね。

：そうです。例えば大型のゴム製のブロックなんか、保育者がいないと誰も見向きもしないのに、保育者が「おうち作ろうか」と言ったら、いつの間にかお風呂になって、数名の子どもが寄ってきて、お風呂に入る見立て遊びが盛り上がっていく。1歳児が「温かい～」って言葉を出したこともありましたよ。このように環境として整っていても保育者が入らないと遊びが深まらない。（P25にも併記）

：木製の汽車とレールも先生が面白がって遊んでいたら、子どもも興味をもって遊びに入ってくる。磁石でくっついているから先頭を強く引っ張りすぎると切れる、すると後ろから別の子どもが押している。「こうすれば連結の汽車が動く」って分かるんだね。

：そうそう、１歳児や２歳児前半では、保育者が汽車のコーナーを設けて線路を作ってあげる方が良いです。でも保育者が遊びすぎると子どもは白ける。初めのうちは先生は線路をつくる人、子どもは汽車を走らせる人、って感じかな。直線の長いレールを設けてもすごく楽しんでいました。

：なるほど。子どもの姿を見ながら先生はレールの設定の仕方を考える。繰り返していると子どもはだんだん線路づくりも自分でやりたくなる。そうしたら保育者の役割もまた変わってくる、まあ、分かりやすい話です。

「棚の上に登る２歳児」から考える一人ひとり

：それで、コーナーを仕切るのに玩具棚を使うのですが、６月の２歳児の部屋でこんなことがありました。玩具棚はいくつもあって、その日、使えない棚には布を覆っています。すると１人の子どもが私の顔を見て、棚の上に登り始めたのです。

：かっこいいところ見せたろーってことかな。

：そこで私は、頑張れ！　と言って、応援のまなざしを送りました。で、担任が来たら「やばい」と感じたのかすぐに降りました。特に危ないとは思わないのですが「棚は登る物ではありません！」と担任は、その子よりも私の方に厳しいまなざしを投げてきました。

「登りたいけど登ってはダメだ」ということは分かっている。けど、私の顔を見ると許してくれそうに思って登っちゃった、ということです。

：まあ、ふつうだいたい、ダメと言いますね。

：そうだけど。せっかく登る姿を見せてやろうといきいきしていたのをダメというのは辛いです。5歳児には、「降りなさい」と言えますが、まだ2歳児の6月ですから、かっこいい自分を披露する姿にしばらく付き合ってもいいのかな、それが一人ひとりを大切にって事かなと思ったりします。

：登ってはいけないということを、何度か登ることを認めてあげてから伝えた方が後々、登らないかもしれないけど、なかなか現実は厳しいよね。まあ、頭ごなしにダメというのと、「ごめんなさい」と思いながら注意するのとでは違うかもしれないね。でも大事なのは、その部屋全体の環境は、子どもが体を動かしたい欲求に応えるものがなかった、という自己評価がいるよね。

：そう、遊び環境をいくつかのコーナーを設けて整えるとき、好奇心やチャレンジ精神に応えられるものを準備しておいて、安全を確保するという観点をもつということかな。

：今、幼稚園界では3歳未満児のカリキュラムのようなものを作りたいと考えているんだけど、どんな切り口が良いのか模索中。ただのハウツーでもいけないし、探求心に応えましょう、とか、そんな単純なことではないですね。

：現場で実践しながら観察しながら、切り口を考えないとね。ただ、最近思うのは、2歳児と0・1歳児は全然違う。乳児として

ひとくくりにするのは乱暴な気がします。

：でもそのわりには、１歳児や２歳児は経験の少ない若い保育者が担任することが多いよね。指示しやすいからと思ったりもします。

：１・２歳児保育に対する認識が不十分なのかもしれませんね。でも私の知っている園では大ベテラン２人が２人とも１歳児の担任をしていました。すると、子どもの本当の姿をうまく発見したり彼らにふさわしい環境をつくり出したり。１歳児の保育が充実すると２歳、３歳、幼児とうまくつながっていくみたいですね。

まとめ

環境づくりは大切ですが、そこと子どもをつなぐ保育者がどのように関わっていくかで、遊びへの広がりが変わっていきます。

どうして、同じような作品!?

子どもの作品はどう扱う?

：乳児の絵画の作品が展示されているのを見て、びっくりすることがあります。どの作品も似たりよったりです。

：それぞれのペースでくっつけたシール貼りや絵の具を指先に付けて描いた物を“鯉のぼり”とか“傘”なんかの形に切って一斉に貼り出してあるとか…

：そうなんですよ。なぜ、そんなふうに形に収めるのか不思議です。個々の描いたものがいつの間にか傘の形の中に収まって、きれいな台紙に飾られたりしたら、１歳の子どもは、どんな気持ちになるでしょう。

：子どもじゃなくて保護者にあなたのお子さんは、こんな活動も同じようにしていますよ、って見せたいのでしょう。

：保護者には分かりやすい。子どもがしたことに関係なく、同じ形に収められていたら安心するし、保育者も仕事をしましたという充実感がありますからね。

：ときどき保育者が手を加えていることもあったりしてね。

：で、うちの園では、子どもの作品によって切り方を変えて、１人ひとりの活動しているときの表情を写真に撮って、何枚かをその作品の裏に張り付けて、天井からぶら下げていますね。

：ということは、保護者には描いている表情が子どもの育ちとか充実した時間を過ごしました、ってメッセージになるのかな。

：そうですね。保護者の方も作品より我が子の表情のほうが気に入って見ていますね。で、写真ください、って声も出てきます。

：小学校入る前は、一人ひとりを丁寧に見ていかなければいけないっていうけど、乳児の場合は、もっと強烈にその意識を持たないといけないと感じるね。幼児の場合も同じ活動をしていても、その子どもの心の中は一人ひとり全く違うのですから、なおさらです。

：幼児の中には隣の子の出来栄えを見てまねる姿も見られますが、乳児の場合、自分が描きだすとほとんど周りの子の出来栄えを意識しませんね。

：例えば、動物園に行くとき、みんな一緒に手をつないで動物園まで歩くけど、ゾウさんがお目当てだったり、キリンさんが目的だったり、それぞれ違う。それはその子の姿として認めることができるのと同じように、パスや絵の具を持った乳児はそれこそ思っていることがみんな違う。その見取り方っていうか、受け止め方っていうのが、みんな違う。先生たちにはそこを求めたいですね。

まとめ

それぞれに違う思いの子ども一人ひとりの気持ちを十分に受け止めて、保育をしていくことが求められます。

食事

：子育て支援として、未就園の１歳児の保護者と親子の集いをしています。そのとき食事の話になり「家では、食べるものはご飯とサツマイモと魚だけなんです」って言う親がいました。「それ以外は？」って尋ねたら「それ以外のものは食べない」って言うのです。「いろいろ食材を使って出して、その結果、食べるものがそれだけだったらいいんだよ」って言いましたが、実際は、親が子どもに負けてしまってトライしていない。

：園ではいろいろな食材が出て、もちろん、好き嫌いはあるけど、「ちょっと食べてみよう？」と促して、ちょっと口に入れてもらったら「おいしかった」って食べられるケースが多いですね。そういう意味では保育園の１・２歳児はあまり偏食がないように思います。

：３歳児で幼稚園に入園した子の中には結構、偏食する子がいます。ほとんど何も食べない子が４月、５月はたまにいます。ということは、早い時期に丁寧に関わって食事をすることって大事なのかもね。

食事環境の雰囲気づくりから

：食事をする環境も大事かもしれないですね。テーブルクロスを敷いたり、テーブルに花を飾ったり、保育者も小さな声で話をして集中できる雰囲気をつくったりすることからですね。最初は保育

者と1対1の関係が基本になりますが、同じテーブルでよく食べている子どもの姿を見て、自分も食べようとする子もいますね。園の食事は、家庭と違ってクラスの仲間がだいたい同じものをだいたい同じ時間に食する“一斉活動”なので、それが何らかの影響を与えているみたいで、家で食べないものでも食べるってことがよくありますね。

：反面、何が何でも食べさせようとする先生もいる。

：いると思います。園の中でしっかり話し合っていないと“食べなくてもいいよ”ってなかなか言えない。食事やしつけは厳しい保育者の考え方がその園のスタンダードになっていくので、その辺は要注意。ほんとうにきちんと話し合わないと子どもは食べる事が楽しくなくなるし、保育者との関係も悪くなります。

：逆に言うと、食事の時間をゆったり過ごすと子どもと先生の関係は良くなって、関係が良くなると少々苦手なものでもトライしてみようかって気になるということですね。

：まさにそうだと思います。

まとめ

1対1を基本に、丁寧に関わりながら食材や食べることへの興味が向くようにしましょう。

排せつから考える共感性

トイレトレーニングの最終場面で……

：うちの乳児クラスの先生が言ってたことだけど、０歳児クラスの時から一緒にいる２歳児は、３年目の付き合いになる。で、みんな、今、トイレトレーニングの最終場面にきています。それで一人がおしっこをしたら、ほかの４人も一緒に“しゃ～”って、ちびるんだって。

：“連れしょん”ってやつですか。

：そう、“連れしょん”。トイレじゃない所でしたんです。１人の子は失敗して“おしっこ、しゃ～、した”と言うけれど、ほかの４人は、そこで一緒にしゃ～。今、やり終えた子も無理して“ちょろちょろ”と出す。すごい共感力！　と驚きました。

：乳児どうしは、そんな形で共感するんですね。共感するつられ泣きとは少し違う。ポジティブですよね。

：満２歳から３歳に変わっていくあの年齢のところで、共感力が発揮されているっていうのはすごいと思う。１歳児の頃から、そういうものが少しずつ芽生え始めて、現れてくる。０歳児でも、隣で泣いたら、やっぱり気にして、自分もちょっと泣いてみてやろうか、みたいなことがあったりします。そういう共感する力っていうのは、社会を形成する力につながっていくんでしょうね。

：保育者は、そこでどのように振る舞えば良いでしょうか。

子どもの共感力を高めるための関わり方

：大人たちや先生たちが子どもに共感するところから育まれ、引き出されていく、と考えますね。「おしっこ出たね」って、オムツを替えるときに、出た事を喜んでくれる人がそばに居るのと、淡々と替えるのとではまったく違うと思いますね。大人に喜んでもらいたいから、ちょろちょろ出す子もいるよね。

：“寄り添う”とか言うけれど、その子と同じ気持ちになる「共感」と排せつ行為を促すための「共感」があって、大人は排せつした行為に共感し、友達は排せつの心地よさに共感している、そんなふうに言えないかな。

：障害のある子で、相手の気持ちが分からなくて「いっしょにあそぼう」と友達の首を引っ張って連れて行く。引っ張られた子は「いたい」って泣く。最初はそんな姿でも、相手が痛い思いをしていることに気が付き、段々共感して、とうとう一緒に遊べる時期がくるということもありました。

：共感する力は、子どもによって、状況によって、時間がかかるけど、大事なことですね。

まとめ

保育者が子どもの思いに共感することを重ねると、子どもの共感する力が育まれていきます。日々の共感を重ねていきましょう。

かみつき

：乳児のかみつきは茶飯事ですね。これは年中クラス担任から聞いた話なんだけど、子どもが言い争っていたので、ここは「見守り」だと思って見守っていたら、片方の子どもがガバッと噛みついちゃった。噛まれた事と何で噛まれたのか、保護者に話をしなきゃいけないことになった。で、話をしたとのこと。その話を後で聞いて、「じゃ、その時、止めるほうがよかったと思う？」ってその先生に尋ねたら「そうは思わない。けど、噛んだ、噛まれた、の関係になったら、どちらの保護者も嫌に思うだろうな」と少し悩んだみたいです。けれども、そんな事があっても、その子たちは二度と口を利かないような関係にはならない。10分もしたらまた一緒に遊んでいる。ということは、子どもにとっては、全くネガティブな体験ではなかったといえるんじゃないかな。それこそ生きる力を育むために、思いをぶつけあって、けんかして、その結果、噛んだり噛まれたりという経験は悪いことではないと思うけどね。

：そうね。でも保護者が、そんなふうに理解をしないとダメですね。

：ということは、トラブルが起きたとき、その意味を保護者に話して共有することが大事だよね。せめて子どもにとって悪い経験じゃない、くらいの理解はしてもらいたいね。で、「社会的見守り」っていうのは、トラブルを起こさせないことではなくて、適度なト

ラブルを見守ることが必要だね、と先生たちと話をしました。

：社会全体がそんな見方をしてほしいですね。わが子がかわいいから、トラブルを無くしてほしいと考えるんじゃなくて、少しずつ経験しながら、だんだん力強くなっていくっていう発達観というか、成長観を親自身が持てるようになると、トラブルも減るかな。

：噛んだ子に「乱暴な子」とレッテルを貼ると、わが子が噛んだときすごくしかるよね。「何があったの？」と落ち着いて気持ちを聞いてあげることがケアだと思うけど、しっかり訴えていかないと。

かみつきの加害児へのケア

：１、２歳児は連日のように引っ掻きや噛みつきが起こります。私たちは噛みつきが起きたら、被害児以上に加害児をケアするように心掛けています。実際に１歳児クラスにいたとき、噛みつきの現場に遭遇しました。被害児は担任がケアして水で洗ってもらいに行きましたが、私が加害児の方に行くと、すごい怖い顔で私は睨みつけられました。怒られると思ったからでしょうね。ということはしかられるような事をしてしまったって、その子はもう分かっているということです。もう分かっているのに、念押しするようにまた叱

責したら、さらに気持ちは荒れると思います。

：悪循環ってわけ。で、何で、かみつきになったの。

：本の取り合い。本を取り合って最初に持っていた子が後から奪いに来た子を噛みついた。分かりやすい理由です。私はその子のそばに行って座って、"うんうん"と笑顔でうなずいて、下に落ちていた絵本を拾ってその子に手渡しました。じ〜と私の様子を伺いながら、その子は絵本を持ってウロウロしだしたのです。「絵本、見ないの？」「片付けるの？」「これ、どこ、片付けるの？」と言うと、その子は動き出して、私を絵本棚に案内したのです。私が棚の前で「その絵本、どこにしまうのかな…」と独り言を言っていると「ここ」と指さし絵本棚の２段目のところにうまく並べました。

でも、あとで担任は「どうして先生は噛んだ子を注意しなかったのですか」と不満気でした。

：「お友達を噛んではダメ」「ダメなことはダメとしてしからないと子どもは育たない」と思っているんですよ、きっとその先生は。

：その通りです。"理事長はいつも甘い！"という目つきをしていましたからね。でも違います。

絵本を取られそうになってカッとなって噛みついた。そしたら友達は泣いた。先生が飛んできた。そうなるとその子は"やばい"と思うわけですよ。気持ちが荒れます。そこでガミガミ言ったら、もっと荒れるか気持ちをふさぐか反発し

て自分のした悪い事を自分の心で受け入れられなくなる。だから「大丈夫、大丈夫」と言って落ち着かせる。すると自分のした行為を自分で悪かったと素直に受け入れる。

しかること、謝ること

：そう、そう。その子は善悪と言うか、自分が悪いことした〜ってことは分かっているからそこはデリケートに関わらないとね。３歳児でも誰かを泣かせてしまって先生が来たら「ごめんなさい、ごめんなさい、ごめんなさい」ってとにかく反射的に謝る子がいます。先生はぜんぜん怒ってないのに。

：謝ったほうが、無難だという生き方を覚えたのかな。テレビで謝罪会見をよく見ているせいなのか、「申しわけございませんでした」と遊び半分で“お詫びごっこ”をしている姿を見たこともあって、何というか、情けない気持ちになりましたよ。

：荒れた子とか困った子は、丁寧に気持ちを聞いてあげることで、気持ちが改善する。善と悪を知識みたいに教えたらよいと考えている大人が多いのは、困りものですね。

：今の社会、先輩が後輩をしかるという行為が報われないように感じます。きっとしかる行為がしかる人のイライラをぶつけるだけの怒りになっているからかもしれませんね。

まとめ

かみつきでは、被害を受けた子どもはもちろん、噛んでしまった子どもにも手厚く配慮し、情緒の安定につなげましょう。

育児担当制、愛着

：乳児保育は、情緒の安定とか愛着関係が大事だといわれています。そのために乳児保育では育児担当制という方法があります。けれども、その解釈が現場によっては誤解されたり批判されたりと、各園各様で難しいですね。

：０歳児は３人に１人の保育者だから、９人いても「この３人は私の担当の子で、私がお世話しています。あの子は私の担当じゃないから…」みたいな分業みたいに思っている人はいますね。

一人ひとりに寄り添うための「担当制」

：分業ではないですね。育児の面で保育者全体が個別対応をしようと思えば、「担当制」が望ましいと経験的に思います。担当制でなければ、みんな一緒に食べて、着替えて、一斉に排せつさせることになり、保育者は大忙しで、その結果、粗い保育になる危険があります。乳児保育って結構、その辺があいまいで実践もかなり違うけれど、あまり深く語られないですね。

：それが大きな問題。以前、見た０歳児の給食はひどかった。10人以上の子どもが一斉にイスに座らされてベルトで固定されて、イスは半円状に外側を向いている。外側を向いているから友達の姿が全く見えない。だから全員、食事に集中できるという理屈です。そしてエプロン代わりにプラスチックのトレイをぶらさげてこぼし

た食べ物はトレイのポケットに入っていく。気付いた先生は、そのポケットの中の食べ物をスプーンですくって、また、その子に食べさせている。これだったら、子どもが10人いても２人で給食を食べさせることができます。

：ひどい。教材会社にも責任がありますね。そんな状況があるから育児担当制が考えられたのかもしれないですね。担当制を見ていると、ほんとうに静かな時間のなかで少数の子どもと担当の保育者がしっとりしていて良いですね。

：その子にふさわしいお世話の仕方や関わり方を考えられるし、その子の微妙な成長を把握する代表者みたいなイメージで担当制を考えるとよいと思います。何より保育者が落ち着きます。

：でも、子どもは特定の人が居なくても、子どもをケアする大人集団と影響を与え合う子ども集団の中にいるほうがいいという考え方があります。

：違うなあ。保育する側も担当児と愛着関係を築こうとすることで保育になる。しかも若い先生が多いですから、少人数の子どもの親代わりのような立場から“乳児理解”は進むと思います。

：“乳児理解”は愛着形成や担当制からスタートして、子どもどうしの関係につなげていくと良いですね。

※育児担当制とは、授乳や食事、排せつの交換などについてはできるだけ担当保育者が関わり、個人的愛着を深めることを目的とする保育のことです。

まとめ

育児担当制でのこまやかな関わりを通した愛着の形成で、子ども一人ひとりへの理解を進めます。

乳児の話のまとめ

：乳児のことを話すと、生活と遊び、それぞれどんな環境設定がふさわしいか、考えることになりますね。それは同時にそこでどんな関わり方をすることが望ましいかを考えることにつながりますね。

：大人の側が与えるとか、してあげるという考え方であれば、環境もそんな形になってしまいます。ある園の１、２歳の部屋で広い空間があったので「それはどうして？」と尋ねたら、「ここでリズムをしたり体操したりみんなでお絵かきするからです」と。悪いことじゃないですが、与える保育のための空間が大部分を占める環境はしんどいですね。

：子どもの育ちや学びは、そのリズム活動の中で一定確保できると思いますが、絵本を眺めている姿はくつろいでいるだけで学びでも教育でもないと考える大人たちが多いですね。

：それは社会全体の問題で、保育現場にいる我々がまず頑張らないとね。

遊び場面から見える生活の姿

：それから、スプーンでご飯を自分で食べたり、食べさせてもらったりする生活面の姿が、スプーンで何かをすくって食べたり食べさせたりする遊び場面に現れますね。だから、食事も自分の周囲に仲間が多いほど学びの環境も良くなり、遊びも豊かになる。１歳

児後半からは、ゆるい担当制になるように環境を変えていますね。遊びの方では、リズム運動やサーキット運動は集団保育として必要不可欠な活動ですが、子どもが自分のしたい事を選べる、自分で試したい事が試せるコーナー型の環境設定が目に見える保育室の姿であってほしいと思います。

：環境設定もよく子どもを観察しないとマンネリになるよね。子どもの探求心も時々に形を変えるからね。それから0歳児クラスの満1歳になった子どもたちは歩けるのにハイハイすることがよくありますね。ハイハイで疲れたら歩くみたいなことで、育ちが決して一直線じゃなくて螺旋状になっている。行きつ戻りつしながら育っている。ハイハイをするほど、腕の力とか、腹筋、背筋が鍛えられるでしょう。

：子どもは育ちたがっているんですね。

：育ちにとって意味のない事はしないし、探求心は常時、働いている、といっても良いかもね。子どもの育ちや変化を発見するには、子どもの姿を写真に撮って、それをみんなで見て、議論しながら何が育っているか、何を学んでいるのか、そういうトレーニングを積み重ねていくことが大事だと思うね。

：乳児には及ばないけど、私たちも探求心を発揮したいですね。

まとめ

常時働いている子どもたちの探究心を逃さず捉え、育ちにつながる環境づくりが、0・1・2歳児の保育にも必要です。

声と音のあるコーナー

毎週１回、朝から昼食まで異年齢でコーナー・ゾーンで活動します。保育者は主要なコーナーを担当します。《科学ゾーン》と《楽器エリア》であった２つの話です。（幼児90名）

●科学ゾーン

遊戯室に、５歳児８人、３歳児３名がやって来ました。この日のテーマは「糸電話」。事前に“受話器”にあたる部分を“紙コップ”“プラスチックコップ”、“電話線”は“タコ糸”“麻ヒモ”“タフロープ”を準備。どの組み合わせが「電話」として機能するかの実験コーナーです。11名の子どもたちは、組み合わせの異なる「糸電話」を何種類も作りました。ここに時間が費やされましたが、それはそれで製作気分でおもしろかったです。

「ひも（電話線）の長さは、どれくらい？」と、ヒモの長さを様々に変えてみて、ひもの長さと音量は関係するのか、疑問を抱いて試す子。『紙コップどうしをくっつけるだけでも相手の声が聞こえるよ』と発見したことを誇らしげに訴える子。保育者は子どもの発見を次々に記録するのに大忙しです。「糸電話」が続々と完成したので「実験」は園庭で。子どもたちは「紙コップ」と「タコ糸」が正解だとすぐに理解しました。すぐに遊ぶ事に夢中になる５歳児。糸がダラっとしてても生声が聞いて「聞こえた～」と喜ぶ３歳児。“受話器”を持っていることがうれしいのでしょうか。そこ

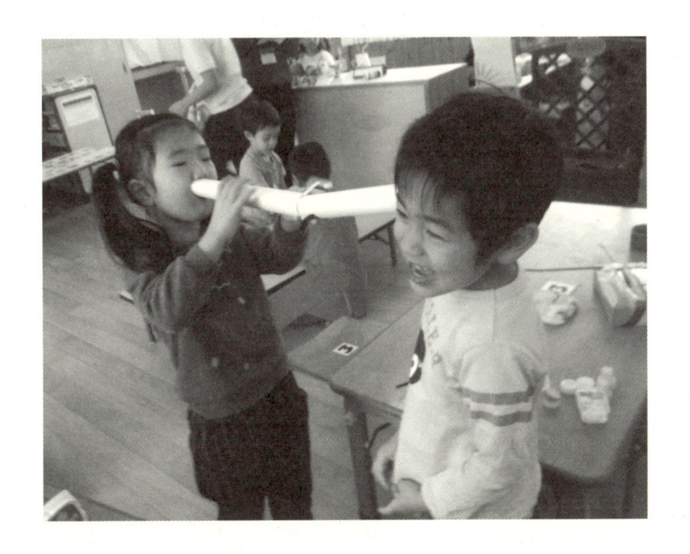

に保育者がやってきて、糸をピンと張って“通話”すると、「うわぁ～！ めちゃ聞こえる」と歓声をあげるや否や真顔になって、信じがたいという表情になりました。離れたところにいる先生の“声”が耳元でリアルに聞こえる？　まさに驚きの体験です。5歳児はどんどん糸を伸ばし面白がって、3歳児の子を誘いましたが、なぜか、その子は、そそくさと立ち去って他のコーナーに移ってしまいました。怖かったのでしょうか？

●楽器コーナー

“楽器コーナー”は端っこの部屋を使います。全体がよく見える場所に「10時～10時15分」「10時45分～11時」「11時30分～11時45分」と時間が掲示されています。担当はY先生。数人が来て楽器を触らず、すぐに仲間を集めに行きました。

集まった子どもは、５歳児３名、４歳児４名３歳児５名の12人。好きな楽器を使って自由にリズムを打ち。楽器は、カスタネット、スズ、タンブリン、ウッドブロック、トライアングル、太鼓。

ガチャガチャ鳴らしていると、Ｙ先生が「おもちゃのちチャチャチャ」「手をたたきましょ」他を演奏。メロディーに合わせて、その子なりに四分(音符)打ちを続ける子、メロディーに合わせて四分と八分を使い分ける子、三連符を巧みに打つ子、様々ですが、クラス(年齢)によって、打ち方は似ています。３歳児は楽器といっしょに足を動かし歩きながら打っていました。

終了すると、みんな違うコーナーへ。次は10時45分開場。さっきもいた３歳児Ａ君は５分前からスタンバイ。１曲終わるごとに楽器を交換する自主ルールを設けたので取り合うトラブルは起こりませんが、さっきは太鼓ができずリベンジ。そしてスタート。太鼓を打つＡ君。今度は５歳児が多くお互いに向き合うように立ち位置を工夫していました。

11時45分、３回目。またまたＡ君。驚いたことが２つ。１つはＡ君が指揮者になって腕を振り下ろしている事。もう１つ、このコーナーにただ演奏を聴きに来た子が３人いました。

毎週、自分の好きな遊びを選び、楽器コーナーでは楽曲に合わせて好きな楽器を好きなように打てる。異年齢なので学び合う環境が良好。実はＡ君、クラスでは集団に入れない配慮が必要な子です。週１回、この時間を設定することが最大の配慮ですね。

（片山喜章）（種の会：なかはらこども園・神戸市）

地域の事だから、地域に出向くから「発表」できる!?

この園の「園だより」には“まちのひとにきいてみよう”という「地域のページ」があります。毎月、５歳児が地域に出向いてインタビューするコーナーです。そのきっかけになった実話です。

５歳児の活動計画に「地域の職場見学」が立案されました。自分たちの興味のある職場に行って、質問して報告するものです。父親の職場を訪問先にした例もあります。クラス全体で行くこともあります。

その年(2016年)の４月当初「保育園のまわりにはどんなものがあるんだろう？」と意識してお散歩に出かけました。子どもたちは、わいわい言ったり、考えたり、友達どうしで話し込む場面もありました。担任のＫ先生は、「では、みなさん、おうちの周りにはどんなものがあるのか、見てきてね、木曜日に、お話し聞くからね」とさらっと伝えました。

前日の水曜日、Ａちゃんが「わたし、駅の方に調べに行ってきたものを紙に書いてきたよ」と持ってきてくれました。うれしくなったK先生は「じゃあ、これ、明日、みんなの前で発表しようよ」と提案すると“みんなの前で？”とためらい、困惑気味でした。「じゃあ先生と一緒にやろう」と導くと、Ａちゃんは「恥ずかしいけど、がんばる！」と応えました。

次の日、木曜日を迎えました。登園時からドキドキしながら“お集まりの時間”を待つＡちゃん。「じゃ～、この前のこと、Ａちゃんに発表してもらいま〜す」と先生の声が響きます。Aちゃんは、前に出てきてメモを取り出して読みはじめました。「…銀行がありました」「…眼鏡屋さんがありました」「…公園がありました」。いずれも駅周辺です。Aちゃんは端的に箇条書きにまとめていたので、聞いている側も分かりやすかったのです。ふだん、おとなしく控えめで、物怖じするAちゃんです。そんなAちゃんの「発表」が終わると、子どもたちからは「すごーい！」の声があがりました。Aちゃんが調べた行先に対する関心よりも「その、書いてある紙、見たい！」という発表の仕方に関心が行きました。K先生は「Aちゃん、おうちに帰ってからも駅まで調べに行って、忘れないようにメモしていたんだよ」と後押しすると、自然な流れで拍手を起こりました。Aちゃんの体からさ〜っと緊張感が抜けて、表情は、達成感と満足感でいっぱいになりました。

その後、「明日、みんなで消防署に行く」ことになり「消防士さんへの質問も考えてね」と話をすると、当日、Ｂ君とＣ君がＡちゃんと同じように「質問」を紙に書いて持ってきました。

自分たちも「消防署に行く前に、考えて書いてきたことをみんなの前で発表したい」と訴えて発表しました。出発前に、子どもたちの心に炎が灯ったのでした。

《消防車の速さ》《日頃の訓練内容》《燃え盛る火の中に入っていくテクニック》《消防車と救急車の運転手は同じ人》など、すべて子ども自身の質問でした。その内容と回答は園便りに記載されました。消防署から帰ってくるとしばらく“感動話”でもちきりになります。そして「訓練の様子をみたい」というさらなる希望を届けました。まさに火がついた感じです。

Ａちゃんから始まった“みんなの前で発表することはクールなこと”がクラス文化になって卒園まで続きました。それまで恥ずかしい気持ちが強くて、苦手意識をもつことが多かったクラスでした。人前で発表する物怖じしない心は、「地域社会や職業への関心」と「実際に訪問する取り組み」に支えられて体得し、子ども集団が変わっていった実践です。「自分の思いや考えをみんなの前で発言することは社会性」だとK先生は実感したそうです。

（片山喜章）（種の会：みやざき保育園・川崎市）

平成29年3月告示

幼稚園教育要領

文部科学省

保育所保育指針

厚生労働省

幼保連携型認定こども園教育・保育要領

内閣府・文部科学省・厚生労働省

目次

幼稚園教育要領

平成29年3月告示
文部科学省

○文部科学省告示第六十二号

学校教育法施行規則(昭和二十二年文部省令第十一号)第三十八条の規定に基づき、幼稚園教育要領(平成二十年文部科学省告示第二十六号)の全部を次のように改正し、平成三十年四月一日から施行する。

平成二十九年三月三十一日

文部科学大臣　松野　博一

●幼稚園教育要領　目次

教育は，教育基本法第１条に定めるとおり，人格の完成を目指し，平和で民主的な国家及び社会の形成者として必要な資質を備えた心身ともに健康な国民の育成を期すという目的のもと，同法第２条に掲げる次の目標を達成するよう行われなければならない。

1　幅広い知識と教養を身に付け，真理を求める態度を養い，豊かな情操と道徳心を培うとともに，健やかな身体を養うこと。

2　個人の価値を尊重して，その能力を伸ばし，創造性を培い，自主及び自律の精神を養うとともに，職業及び生活との関連を重視し，勤労を重んずる態度を養うこと。

3　正義と責任，男女の平等，自他の敬愛と協力を重んずるとともに，公共の精神に基づき，主体的に社会の形成に参画し，その発展に寄与する態度を養うこと。

4　生命を尊び，自然を大切にし，環境の保全に寄与する態度を養うこと。

5　伝統と文化を尊重し，それらをはぐくんできた我が国と郷土を愛するとともに，他国を尊重し，国際社会の平和と発展に寄与する態度を養うこと。

また，幼児期の教育については，同法第11条に掲げるとおり，生涯にわたる人格形成の基礎を培う重要なものであることにかんがみ，国及び地方公共団体は，幼児の健やかな成長に資する良好な環境の整備その他適当な方法によって，その振興に努めなければならないこととされている。

これからの幼稚園には，学校教育の始まりとして，こうした教育の目的及び目標の達成を目指しつつ，一人一人の幼児が，将来，自分のよさや可能性を認識するとともに，あらゆる他者を価値のある存在として尊重し，多様な人々と協働しながら様々な社会的変化を乗り越え，豊かな人生を切り拓（ひら）き，持続可能な社会の創り手となることができるようにするための基礎を培うことが求められる。このために必要な教育の在り方を具体化するのが，各幼稚園において教育の内容等を組織的かつ計画的に組み立てた教育課程である。

教育課程を通して，これからの時代に求められる教育を実現していくためには，よりよい学校教育を通してよりよい社会を創るという理念を学校と社会とが共有し，それぞれの幼稚園において，幼児期にふさわしい生活をどのように展開し，どのような資質・能力を育むようにするのかを教育課程において明確にしながら，社会との連携及び協働によりその実現を図っていくという，社会に開かれた教育課程の実現が重要となる。

幼稚園教育要領とは，こうした理念の実現に向けて必要となる教育課程の基準を大綱的に定めるものである。幼稚園教育要領が果たす役割の一つは，公の性質を有する幼稚園における教育水準を全国的に確保することである。また，各幼稚園がその特色を生かして創意工夫を重ね，長年にわたり積み重ねられてきた教育実践や学術研究の蓄積を生かしながら，幼児や地域の現状や課題を捉え，家庭や地域社会と協力して，幼稚園教育要領を踏まえた教育活動の更なる充実を図っていくことも重要である。

幼児の自発的な活動としての遊びを生み出すために必要な環境を整え，一人一人の資質・能力を育んでいくことは，教職員をはじめとする幼稚園関係者はもとより，家庭や地域の人々も含め，様々な立場から幼児や幼稚園に関わる全ての大人に期待される役割である。家庭との緊密な連携の下，小学校以降の教育や生涯にわたる学習とのつながりを見通しながら，幼児の自発的な活動としての遊びを通しての総合的な指導をする際に広く活用されるものとなることを期待して，ここに幼稚園教育要領を定める。

第1章　総則

第1　幼稚園教育の基本

幼児期の教育は，生涯にわたる人格形成の基礎を培う重要なものであり，幼稚園教育は，学校教育法に規定する目的及び目標を達成するため，幼児期の特性を踏まえ，環境を通して行うものであることを基本とする。

このため教師は，幼児との信頼関係を十分に築き，幼児が身近な環境に主体的に関わり，環境との関わり方や意味に気付き，これらを取り込もうとして，試行錯誤したり，考えたりするようになる幼児期の教育における見方・考え方を生かし，幼児と共によりよい教育環境を創造するように努めるものとする。これらを踏まえ，次に示す事項を重視して教育を行わなければならない。

1　幼児は安定した情緒の下で自己を十分に発揮することにより発達に必要な体験を得ていくものであることを考慮して，幼児の主体的な活動を促し，幼児期にふさわしい生活が展開されるようにすること。

2　幼児の自発的な活動としての遊びは，心身の調和のとれた発達の基礎を培う重要な学習であることを考慮して，遊びを通しての指導を中心として第２章に示すねらいが総合的に達成されるようにすること。

3　幼児の発達は，心身の諸側面が相互に関連し合い，多様な経過をたどって成し遂げられていくものであること，また，幼児の生活経験がそれぞれ異なることなどを考慮して，幼児一人一人の特性に応じ，発達の課題に即した指導を行うようにすること。

その際，教師は，幼児の主体的な活動が確保されるよう幼児一人一人の行動の理解と予想に基づき，計画的に環境を構成しなければならない。この場合において，教師は，幼児と人やものとの関わりが重要であることを踏まえ，教材を工夫し，物的・空間的環境を構成しなければならない。また，幼児一人一人の活動の場面に応じて，様々な役割を果たし，その活動を豊かにしなければならない。

第2　幼稚園教育において育みたい資質・能力及び「幼児期の終わりまでに育ってほしい姿」

1　幼稚園においては，生きる力の基礎を育むため，この章の第１に示す幼稚園教育の基本を踏まえ，次に掲げる資質・能力を一体的に育むよう努めるものとする。

(1)　豊かな体験を通じて，感じたり，気付いたり，分かったり，できるようになったりする「知識及び技能の基礎」

(2)　気付いたことや，できるようになったことなどを使い，考えたり，試したり，工夫したり，表現したりする「思考力，判断力，表現力等の基礎」

(3)　心情，意欲，態度が育つ中で，よりよい生活を営もうとする「学びに向かう力，人間性等」

2　１に示す資質・能力は，第２章に示すねらい及び内容に基づく活動全体によって育むものである。

3　次に示す「幼児期の終わりまでに育ってほしい姿」は，第２章に示すねらい及び内容に基づく活動全体を通して資質・能力が育まれている幼児の幼稚園修了時の具体的な姿であり，教師が指導を行う際に考慮するものである。

(1) 健康な心と体

幼稚園生活の中で，充実感をもって自分のやりたいことに向かって心と体を十分に働かせ，見通しをもって行動し，自ら健康で安全な生活をつくり出すようになる。

(2) 自立心

身近な環境に主体的に関わり様々な活動を楽しむ中で，しなければならないことを自覚し，自分の力で行うために考えたり，工夫したりしながら，諦めずにやり遂げることで達成感を味わい，自信をもって行動するようになる。

(3) 協同性

友達と関わる中で，互いの思いや考えなどを共有し，共通の目的の実現に向けて，考えたり，工夫したり，協力したりし，充実感をもってやり遂げるようになる。

(4) 道徳性・規範意識の芽生え

友達と様々な体験を重ねる中で，してよいことや悪いことが分かり，自分の行動を振り返ったり，友達の気持ちに共感したりし，相手の立場に立って行動するようになる。また，きまりを守る必要性が分かり，自分の気持ちを調整し，友達と折り合いを付けながら，きまりをつくったり，守ったりするようになる。

(5) 社会生活との関わり

家族を大切にしようとする気持ちをもつとともに，地域の身近な人と触れ合う中で，人との様々な関わり方に気付き，相手の気持ちを考えて関わり，自分が役に立つ喜びを感じ，地域に親しみをもつようになる。また，幼稚園内外の様々な環境に関わる中で，遊びや生活に必要な情報を取り入れ，情報に基づき判断したり，情報を伝え合ったり，活用したりするなど，情報を役立てながら活動するようになるとともに，公共の施設を大切に利用するなどして，社会とのつながりなどを意識するようになる。

(6) 思考力の芽生え

身近な事象に積極的に関わる中で，物の性質や仕組みなどを感じ取ったり，気付いたりし，考えたり，予想したり，工夫したりするなど，多様な関わりを楽しむようになる。また，友達の様々な考えに触れる中で，自分と異なる考えがあることに気付き，自ら判断したり，考え直したりするなど，新しい考えを生み出す喜びを味わいながら，自分の考えをよりよいものにするようになる。

(7) 自然との関わり・生命尊重

自然に触れて感動する体験を通して，自然の変化などを感じ取り，好奇心や探究心をもって考え言葉などで表現しながら，身近な事象への関心が高まるとともに，自然への愛情や畏敬の念をもつようになる。また，身近な動植物に心を動かされる中で，生命の不思議さや尊さに気付き，身近な動植物への接し方を考え，命あるものとしていたわり，大切にする気持ちをもって関わるようになる。

(8) 数量や図形，標識や文字などへの関心・感覚

遊びや生活の中で，数量や図形，標識や文字などに親しむ体験を重ねたり，標識や文字の役割に気付いたりし，自らの必要感に基づきこれらを活用し，興味や関心，感覚をもつようになる。

(9) 言葉による伝え合い

先生や友達と心を通わせる中で，絵本や物語などに親しみながら，豊かな言葉や表現を身に付け，経験したことや考えたことなどを言葉で伝えたり，相手の話を注意して聞いたりし，言葉による伝え合いを楽しむようになる。

(10)　豊かな感性と表現

心を動かす出来事などに触れ感性を働かせる中で，様々な素材の特徴や表現の仕方などに気付き，感じたことや考えたことを自分で表現したり，友達同士で表現する過程を楽しんだりし，表現する喜びを味わい，意欲をもつようになる。

第３　教育課程の役割と編成等

1　教育課程の役割

各幼稚園においては，教育基本法及び学校教育法その他の法令並びにこの幼稚園教育要領の示すところに従い，創意工夫を生かし，幼児の心身の発達と幼稚園及び地域の実態に即応した適切な教育課程を編成するものとする。

また，各幼稚園においては，６に示す全体的な計画にも留意しながら，「幼児期の終わりまでに育ってほしい姿」を踏まえ教育課程を編成すること，教育課程の実施状況を評価してその改善を図っていくこと，教育課程の実施に必要な人的又は物的な体制を確保するとともにその改善を図っていくことなどを通して，教育課程に基づき組織的かつ計画的に各幼稚園の教育活動の質の向上を図っていくこと(以下「カリキュラム・マネジメント」という。)に努めるものとする。

2　各幼稚園の教育目標と教育課程の編成

教育課程の編成に当たっては，幼稚園教育において育みたい資質・能力を踏まえつつ，各幼稚園の教育目標を明確にするとともに，教育課程の編成についての基本的な方針が家庭や地域とも共有されるよう努めるものとする。

3　教育課程の編成上の基本的事項

(1)　幼稚園生活の全体を通して第２章に示すねらいが総合的に達成されるよう，教育課程に係る教育期間や幼児の生活経験や発達の過程などを考慮して具体的なねらいと内容を組織するものとする。この場合においては，特に，自我が芽生え，他者の存在を意識し，自己を抑制しようとする気持ちが生まれる幼児期の発達の特性を踏まえ，入園から修了に至るまでの長期的な視野をもって充実した生活が展開できるように配慮するものとする。

(2)　幼稚園の毎学年の教育課程に係る教育週数は，特別の事情のある場合を除き，39週を下ってはならない。

(3)　幼稚園の１日の教育課程に係る教育時間は，４時間を標準とする。ただし，幼児の心身の発達の程度や季節などに適切に配慮するものとする。

4　教育課程の編成上の留意事項

教育課程の編成に当たっては，次の事項に留意するものとする。

(1)　幼児の生活は，入園当初の一人一人の遊びや教師との触れ合いを通して幼稚園生活に親しみ，安定していく時期から，他の幼児との関わりの中で幼児の主体的な活動が深まり，幼児が互いに必要な存在であることを認識するようになり，やがて幼児同士や学級全体で目的をもって協同して幼稚園生活を展開し，深めていく時期などに至るまでの過程を様々に経ながら広げられていくものであることを考慮し，活動がそれぞれの時期にふさわしく展開されるようにすること。

(2) 入園当初，特に，３歳児の入園については，家庭との連携を緊密にし，生活のリズムや安全面に十分配慮すること。また，満３歳児については，学年の途中から入園することを考慮し，幼児が安心して幼稚園生活を過ごすことができるよう配慮すること。

(3) 幼稚園生活が幼児にとって安全なものとなるよう，教職員による協力体制の下，幼児の主体的な活動を大切にしつつ，園庭や園舎などの環境の配慮や指導の工夫を行うこと。

5　小学校教育との接続に当たっての留意事項

(1) 幼稚園においては，幼稚園教育が，小学校以降の生活や学習の基盤の育成につながることに配慮し，幼児期にふさわしい生活を通して，創造的な思考や主体的な生活態度などの基礎を培うようにするものとする。

(2) 幼稚園教育において育まれた資質・能力を踏まえ，小学校教育が円滑に行われるよう，小学校の教師との意見交換や合同の研究の機会などを設け，「幼児期の終わりまでに育ってほしい姿」を共有するなど連携を図り，幼稚園教育と小学校教育との円滑な接続を図るよう努めるものとする。

6　全体的な計画の作成

各幼稚園においては，教育課程を中心に，第３章に示す教育課程に係る教育時間の終了後等に行う教育活動の計画，学校保健計画，学校安全計画などとを関連させ，一体的に教育活動が展開されるよう全体的な計画を作成するものとする。

第４　指導計画の作成と幼児理解に基づいた評価

1　指導計画の考え方

幼稚園教育は，幼児が自ら意欲をもって環境と関わることによりつくり出される具体的な活動を通して，その目標の達成を図るものである。

幼稚園においてはこのことを踏まえ，幼児期にふさわしい生活が展開され，適切な指導が行われるよう，それぞれの幼稚園の教育課程に基づき，調和のとれた組織的，発展的な指導計画を作成し，幼児の活動に沿った柔軟な指導を行わなければならない。

2　指導計画の作成上の基本的事項

(1) 指導計画は，幼児の発達に即して一人一人の幼児が幼児期にふさわしい生活を展開し，必要な体験を得られるようにするために，具体的に作成するものとする。

(2) 指導計画の作成に当たっては，次に示すところにより，具体的なねらい及び内容を明確に設定し，適切な環境を構成することなどにより活動が選択・展開されるようにするものとする。

ア　具体的なねらい及び内容は，幼稚園生活における幼児の発達の過程を見通し，幼児の生活の連続性，季節の変化などを考慮して，幼児の興味や関心，発達の実情などに応じて設定すること。

イ　環境は，具体的なねらいを達成するために適切なものとなるように構成し，幼児が自らその環境に関わることにより様々な活動を展開しつつ必要な体験を得られるようにすること。その際，幼児の生活する姿や発想を大切にし，常にその環境が適切なものとなるようにすること。

ウ　幼児の行う具体的な活動は，生活の流れの中で様々に変化するものであることに留意し，幼児が望ましい方向に向かって自ら活動を展開していくことができるよう必要な援助をすること。

その際，幼児の実態及び幼児を取り巻く状況の変化などに即して指導の過程についての評価を適切に行い，常に指導計画の改善を図るものとする。

3　指導計画の作成上の留意事項

指導計画の作成に当たっては，次の事項に留意するものとする。

(1) 長期的に発達を見通した年，学期，月などにわたる長期の指導計画やこれとの関連を保ちながらより具体的な幼児の生活に即した週，日などの短期の指導計画を作成し，適切な指導が行われるようにすること。特に，週，日などの短期の指導計画については，幼児の生活のリズムに配慮し，幼児の意識や興味の連続性のある活動が相互に関連して幼稚園生活の自然な流れの中に組み込まれるようにすること。

(2) 幼児が様々な人やものとの関わりを通して，多様な体験をし，心身の調和のとれた発達を促すようにしていくこと。その際，幼児の発達に即して主体的・対話的で深い学びが実現するようにするとともに，心を動かされる体験が次の活動を生み出すことを考慮し，一つ一つの体験が相互に結び付き，幼稚園生活が充実するようにすること。

(3) 言語に関する能力の発達と思考力等の発達が関連していることを踏まえ，幼稚園生活全体を通して，幼児の発達を踏まえた言語環境を整え，言語活動の充実を図ること。

(4) 幼児が次の活動への期待や意欲をもつことができるよう，幼児の実態を踏まえながら，教師や他の幼児と共に遊びや生活の中で見通しをもったり，振り返ったりするよう工夫すること。

(5) 行事の指導に当たっては，幼稚園生活の自然の流れの中で生活に変化や潤いを与え，幼児が主体的に楽しく活動できるようにすること。なお，それぞれの行事についてはその教育的価値を十分検討し，適切なものを精選し，幼児の負担にならないようにすること。

(6) 幼児期は直接的な体験が重要であることを踏まえ，視聴覚教材やコンピュータなど情報機器を活用する際には，幼稚園生活では得難い体験を補完するなど，幼児の体験との関連を考慮すること。

(7) 幼児の主体的な活動を促すためには，教師が多様な関わりをもつことが重要であることを踏まえ，教師は，理解者，共同作業者など様々な役割を果たし，幼児の発達に必要な豊かな体験が得られるよう，活動の場面に応じて，適切な指導を行うようにすること。

(8) 幼児の行う活動は，個人，グループ，学級全体などで多様に展開されるものであることを踏まえ，幼稚園全体の教師による協力体制を作りながら，一人一人の幼児が興味や欲求を十分に満足させるよう適切な援助を行うようにすること。

4　幼児理解に基づいた評価の実施

幼児一人一人の発達の理解に基づいた評価の実施に当たっては，次の事項に配慮するものとする。

(1) 指導の過程を振り返りながら幼児の理解を進め，幼児一人一人のよさや可能性などを把握し，指導の改善に生かすようにすること。その際，他の幼児との比較や一定の基準に対する達成度についての評定によって捉えるものではないことに留意すること。

(2) 評価の妥当性や信頼性が高められるよう創意工夫を行い，組織的かつ計画的な取組を推進するとともに，次年度又は小学校等にその内容が適切に引き継がれるようにすること。

第５ 特別な配慮を必要とする幼児への指導

1 障害のある幼児などへの指導

障害のある幼児などへの指導に当たっては，集団の中で生活することを通して全体的な発達を促していくことに配慮し，特別支援学校などの助言又は援助を活用しつつ，個々の幼児の障害の状態などに応じた指導内容や指導方法の工夫を組織的かつ計画的に行うものとする。また，家庭，地域及び医療や福祉，保健等の業務を行う関係機関との連携を図り，長期的な視点で幼児への教育的支援を行うために，個別の教育支援計画を作成し活用することに努めるとともに，個々の幼児の実態を的確に把握し，個別の指導計画を作成し活用することに努めるものとする。

2 海外から帰国した幼児や生活に必要な日本語の習得に困難のある幼児の幼稚園生活への適応

海外から帰国した幼児や生活に必要な日本語の習得に困難のある幼児については，安心して自己を発揮できるよう配慮するなど個々の幼児の実態に応じ，指導内容や指導方法の工夫を組織的かつ計画的に行うものとする。

第６ 幼稚園運営上の留意事項

1 各幼稚園においては，園長の方針の下に，園務分掌に基づき教職員が適切に役割を分担しつつ，相互に連携しながら，教育課程や指導の改善を図るものとする。また，各幼稚園が行う学校評価については，教育課程の編成，実施，改善が教育活動や幼稚園運営の中核となることを踏まえ，カリキュラム・マネジメントと関連付けながら実施するよう留意するものとする。

2 幼児の生活は，家庭を基盤として地域社会を通じて次第に広がりをもつものであることに留意し，家庭との連携を十分に図るなど，幼稚園における生活が家庭や地域社会と連続性を保ちつつ展開されるようにするものとする。その際，地域の自然，高齢者や異年齢の子供などを含む人材，行事や公共施設などの地域の資源を積極的に活用し，幼児が豊かな生活体験を得られるように工夫するものとする。また，家庭との連携に当たっては，保護者との情報交換の機会を設けたり，保護者と幼児との活動の機会を設けたりなどすることを通じて，保護者の幼児期の教育に関する理解が深まるよう配慮するものとする。

3 地域や幼稚園の実態等により，幼稚園間に加え，保育所，幼保連携型認定こども園，小学校，中学校，高等学校及び特別支援学校などとの間の連携や交流を図るものとする。特に，幼稚園教育と小学校教育の円滑な接続のため，幼稚園の幼児と小学校の児童との交流の機会を積極的に設けるようにするものとする。また，障害のある幼児児童生徒との交流及び共同学習の機会を設け，共に尊重し合いながら協働して生活していく態度を育むよう努めるものとする。

第７ 教育課程に係る教育時間終了後等に行う教育活動など

幼稚園は，第３章に示す教育課程に係る教育時間の終了後等に行う教育活動について，学校教育法に規定する目的及び目標並びにこの章の第１に示す幼稚園教育の基本を踏まえ実施するものとする。また，幼稚園の目的の達成に資するため，幼児の生活全体が豊かなものとなるよう家庭や地域における幼児期の教育の支援に努めるものとする。

第2章　ねらい及び内容

この章に示すねらいは，幼稚園教育において育みたい資質・能力を幼児の生活する姿から捉えたものであり，内容は，ねらいを達成するために指導する事項である。各領域は，これらを幼児の発達の側面から，心身の健康に関する領域「健康」，人との関わりに関する領域「人間関係」，身近な環境との関わりに関する領域「環境」，言葉の獲得に関する領域「言葉」及び感性と表現に関する領域「表現」としてまとめ，示したものである。内容の取扱いは，幼児の発達を踏まえた指導を行うに当たって留意すべき事項である。

各領域に示すねらいは，幼稚園における生活の全体を通じ，幼児が様々な体験を積み重ねる中で相互に関連をもちながら次第に達成に向かうものであること，内容は，幼児が環境に関わって展開する具体的な活動を通して総合的に指導されるものであることに留意しなければならない。

また，「幼児期の終わりまでに育ってほしい姿」が，ねらい及び内容に基づく活動全体を通して資質・能力が育まれている幼児の幼稚園修了時の具体的な姿であることを踏まえ，指導を行う際に考慮するものとする。

なお，特に必要な場合には，各領域に示すねらいの趣旨に基づいて適切な，具体的な内容を工夫し，それを加えても差し支えないが，その場合には，それが第1章の第1に示す幼稚園教育の基本を逸脱しないよう慎重に配慮する必要がある。

健康

〔健康な心と体を育て，自ら健康で安全な生活をつくり出す力を養う。〕

1　ねらい

(1) 明るく伸び伸びと行動し，充実感を味わう。

(2) 自分の体を十分に動かし，進んで運動しようとする。

(3) 健康，安全な生活に必要な習慣や態度を身に付け，見通しをもって行動する。

2　内容

(1) 先生や友達と触れ合い，安定感をもって行動する。

(2) いろいろな遊びの中で十分に体を動かす。

(3) 進んで戸外で遊ぶ。

(4) 様々な活動に親しみ，楽しんで取り組む。

(5) 先生や友達と食べることを楽しみ，食べ物への興味や関心をもつ。

(6) 健康な生活のリズムを身に付ける。

(7) 身の回りを清潔にし，衣服の着脱，食事，排泄（せつ）などの生活に必要な活動を自分でする。

(8) 幼稚園における生活の仕方を知り，自分たちで生活の場を整えながら見通しをもって行動する。

(9) 自分の健康に関心をもち，病気の予防などに必要な活動を進んで行う。

(10) 危険な場所，危険な遊び方，災害時などの行動の仕方が分かり，安全に気を付けて行動する。

3　内容の取扱い

上記の取扱いに当たっては，次の事項に留意する必要がある。

(1) 心と体の健康は，相互に密接な関連があるものであることを踏まえ，幼児が教師や他の幼児との温かい触れ合いの中で自己の存在感や充実感を味わうことなどを基盤として，しなやかな心と体の発達を促すこと。特に，十分に体を動かす気持ちよさを体験し，自ら体を動かそうとする意欲が育つようにすること。

(2) 様々な遊びの中で，幼児が興味や関心，能力に応じて全身を使って活動することにより，体を動かす楽しさを味わい，自分の体を大切にしようとする気持ちが育つようにすること。その際，多様な動きを経験する中で，体の動きを調整するようにすること。

(3) 自然の中で伸び伸びと体を動かして遊ぶことにより，体の諸機能の発達が促されることに留意し，幼児の興味や関心が戸外にも向くようにすること。その際，幼児の動線に配慮した園庭や遊具の配置などを工夫すること。

(4) 健康な心と体を育てるためには食育を通じた望ましい食習慣の形成が大切であることを踏まえ，幼児の食生活の実情に配慮し，和やかな雰囲気の中で教師や他の幼児と食べる喜びや楽しさを味わったり，様々な食べ物への興味や関心をもったりするなどし，食の大切さに気付き，進んで食べようとする気持ちが育つようにすること。

(5) 基本的な生活習慣の形成に当たっては，家庭での生活経験に配慮し，幼児の自立心を育て，幼児が他の幼児と関わりながら主体的な活動を展開する中で，生活に必要な習慣を身に付け，次第に見通しをもって行動できるようにすること。

(6) 安全に関する指導に当たっては，情緒の安定を図り，遊びを通して安全についての構えを身に付け，危険な場所や事物などが分かり，安全についての理解を深めるようにすること。また，交通安全の習慣を身に付けるようにするとともに，避難訓練などを通して，災害などの緊急時に適切な行動がとれるようにすること。

人間関係

〔他の人々と親しみ，支え合って生活するために，自立心を育て，人と関わる力を養う。〕

1　ねらい

(1) 幼稚園生活を楽しみ，自分の力で行動することの充実感を味わう。

(2) 身近な人と親しみ，関わりを深め，工夫したり，協力したりして一緒に活動する楽しさを味わい，愛情や信頼感をもつ。

(3) 社会生活における望ましい習慣や態度を身に付ける。

2　内容

(1) 先生や友達と共に過ごすことの喜びを味わう。

(2) 自分で考え，自分で行動する。

(3) 自分でできることは自分でする。

(4) いろいろな遊びを楽しみながら物事をやり遂げようとする気持ちをもつ。

(5) 友達と積極的に関わりながら喜びや悲しみを共感し合う。

(6) 自分の思ったことを相手に伝え，相手の思っていることに気付く。

(7) 友達のよさに気付き，一緒に活動する楽しさを味わう。

(8) 友達と楽しく活動する中で，共通の目的を見いだし，工夫したり，協力したりなどする。

(9) よいことや悪いことがあることに気付き，考えながら行動する。

(10) 友達との関わりを深め，思いやりをもつ。

(11) 友達と楽しく生活する中できまりの大切さに気付き，守ろうとする。
(12) 共同の遊具や用具を大切にし，皆で使う。
(13) 高齢者をはじめ地域の人々などの自分の生活に関係の深いいろいろな人に親しみをもつ。

3　内容の取扱い

上記の取扱いに当たっては，次の事項に留意する必要がある。

(1) 教師との信頼関係に支えられて自分自身の生活を確立していくことが人と関わる基盤となることを考慮し，幼児が自ら周囲に働き掛けることにより多様な感情を体験し，試行錯誤しながら諦めずにやり遂げることの達成感や，前向きな見通しをもって自分の力で行うことの充実感を味わうことができるよう，幼児の行動を見守りながら適切な援助を行うようにすること。

(2) 一人一人を生かした集団を形成しながら人と関わる力を育てていくようにすること。その際，集団の生活の中で，幼児が自己を発揮し，教師や他の幼児に認められる体験をし，自分のよさや特徴に気付き，自信をもって行動できるようにすること。

(3) 幼児が互いに関わりを深め，協同して遊ぶようになるため，自ら行動する力を育てるようにするとともに，他の幼児と試行錯誤しながら活動を展開する楽しさや共通の目的が実現する喜びを味わうことができるようにすること。

(4) 道徳性の芽生えを培うに当たっては，基本的な生活習慣の形成を図るとともに，幼児が他の幼児との関わりの中で他人の存在に気付き，相手を尊重する気持ちをもって行動できるようにし，また，自然や身近な動植物に親しむことなどを通して豊かな心情が育つようにすること。特に，人に対する信頼感や思いやりの気持ちは，葛藤やつまずきをも体験し，それらを乗り越えることにより次第に芽生えてくることに配慮すること。

(5) 集団の生活を通して，幼児が人との関わりを深め，規範意識の芽生えが培われることを考慮し，幼児が教師との信頼関係に支えられて自己を発揮する中で，互いに思いを主張し，折り合いを付ける体験をし，きまりの必要性などに気付き，自分の気持ちを調整する力が育つようにすること。

(6) 高齢者をはじめ地域の人々などの自分の生活に関係の深いいろいろな人と触れ合い，自分の感情や意志を表現しながら共に楽しみ，共感し合う体験を通して，これらの人々などに親しみをもち，人と関わることの楽しさや人の役に立つ喜びを味わうことができるようにすること。また，生活を通して親や祖父母などの家族の愛情に気付き，家族を大切にしようとする気持ちが育つようにすること。

環境

〔周囲の様々な環境に好奇心や探究心をもって関わり，それらを生活に取り入れ　ていこうとする力を養う。〕

1　ねらい

(1) 身近な環境に親しみ，自然と触れ合う中で様々な事象に興味や関心をもつ。
(2) 身近な環境に自分から関わり，発見を楽しんだり，考えたりし，それを生活に取り入れようとする。
(3) 身近な事象を見たり，考えたり，扱ったりする中で，物の性質や数量，文字などに対する感覚を豊かにする。

2　内容

(1) 自然に触れて生活し，その大きさ，美しさ，不思議さなどに気付く。

(2) 生活の中で，様々な物に触れ，その性質や仕組みに興味や関心をもつ。

(3) 季節により自然や人間の生活に変化のあることに気付く。

(4) 自然などの身近な事象に関心をもち，取り入れて遊ぶ。

(5) 身近な動植物に親しみをもって接し，生命の尊さに気付き，いたわったり，大切にしたりする。

(6) 日常生活の中で，我が国や地域社会における様々な文化や伝統に親しむ。

(7) 身近な物を大切にする。

(8) 身近な物や遊具に興味をもって関わり，自分なりに比べたり，関連付けたりしながら考えたり，試したりして工夫して遊ぶ。

(9) 日常生活の中で数量や図形などに関心をもつ。

(10) 日常生活の中で簡単な標識や文字などに関心をもつ。

(11) 生活に関係の深い情報や施設などに興味や関心をもつ。

(12) 幼稚園内外の行事において国旗に親しむ。

3　内容の取扱い

上記の取扱いに当たっては，次の事項に留意する必要がある。

(1) 幼児が，遊びの中で周囲の環境と関わり，次第に周囲の世界に好奇心を抱き，その意味や操作の仕方に関心をもち，物事の法則性に気付き，自分なりに考えることができるようになる過程を大切にすること。また，他の幼児の考えなどに触れて新しい考えを生み出す喜びや楽しさを味わい，自分の考えをよりよいものにしようとする気持ちが育つようにすること。

(2) 幼児期において自然のもつ意味は大きく，自然の大きさ，美しさ，不思議さなどに直接触れる体験を通して，幼児の心が安らぎ，豊かな感情，好奇心，思考力，表現力の基礎が培われることを踏まえ，幼児が自然との関わりを深めることができるよう工夫すること。

(3) 身近な事象や動植物に対する感動を伝え合い，共感し合うことなどを通して自分から関わろうとする意欲を育てるとともに，様々な関わり方を通してそれらに対する親しみや畏敬の念，生命を大切にする気持ち，公共心，探究心などが養われるようにすること。

(4) 文化や伝統に親しむ際には，正月や節句など我が国の伝統的な行事，国歌，唱歌，わらべうたや我が国の伝統的な遊びに親しんだり，異なる文化に触れる活動に親しんだりすることを通じて，社会とのつながりの意識や国際理解の意識の芽生えなどが養われるようにすること。

(5) 数量や文字などに関しては，日常生活の中で幼児自身の必要感に基づく体験を大切にし，数量や文字などに関する興味や関心，感覚が養われるようにすること。

言葉

〔経験したことや考えたことなどを自分なりの言葉で表現し，相手の話す言葉を聞こうとする意欲や態度を育て，言葉に対する感覚や言葉で表現する力を養う。〕

1　ねらい

(1) 自分の気持ちを言葉で表現する楽しさを味わう。

(2) 人の言葉や話などをよく聞き，自分の経験したことや考えたことを話し，伝え合う喜びを味わう。

(3) 日常生活に必要な言葉が分かるようになるとともに，絵本や物語などに親しみ，言葉に対する感覚を豊かにし，先生や友達と心を通わせる。

2　内容

(1) 先生や友達の言葉や話に興味や関心をもち，親しみをもって聞いたり，話したりする。

(2) したり，見たり，聞いたり，感じたり，考えたりなどしたことを自分なりに言葉で表現する。

(3) したいこと，してほしいことを言葉で表現したり，分からないことを尋ねたりする。

(4) 人の話を注意して聞き，相手に分かるように話す。

(5) 生活の中で必要な言葉が分かり，使う。

(6) 親しみをもって日常の挨拶をする。

(7) 生活の中で言葉の楽しさや美しさに気付く。

(8) いろいろな体験を通じてイメージや言葉を豊かにする。

(9) 絵本や物語などに親しみ，興味をもって聞き，想像をする楽しさを味わう。

(10) 日常生活の中で，文字などで伝える楽しさを味わう。

3　内容の取扱い

上記の取扱いに当たっては，次の事項に留意する必要がある。

(1) 言葉は，身近な人に親しみをもって接し，自分の感情や意志などを伝え，それに相手が応答し，その言葉を聞くことを通して次第に獲得されていくものであることを考慮して，幼児が教師や他の幼児と関わることにより心を動かされるような体験をし，言葉を交わす喜びを味わえるようにすること。

(2) 幼児が自分の思いを言葉で伝えるとともに，教師や他の幼児などの話を興味をもって注意して聞くことを通して次第に話を理解するようになっていき，言葉による伝え合いができるようにすること。

(3) 絵本や物語などで，その内容と自分の経験とを結び付けたり，想像を巡らせたりするなど，楽しみを十分に味わうことによって，次第に豊かなイメージをもち，言葉に対する感覚が養われるようにすること。

(4) 幼児が生活の中で，言葉の響きやリズム，新しい言葉や表現などに触れ，これらを使う楽しさを味わえるようにすること。その際，絵本や物語に親しんだり，言葉遊びなどをしたりすることを通して，言葉が豊かになるようにすること。

(5) 幼児が日常生活の中で，文字などを使いながら思ったことや考えたことを伝える喜びや楽しさを味わい，文字に対する興味や関心をもつようにすること。

表現

〔感じたことや考えたことを自分なりに表現することを通して，豊かな感性や表現する力を養い，創造性を豊かにする。〕

1　ねらい

(1) いろいろなものの美しさなどに対する豊かな感性をもつ。

(2) 感じたことや考えたことを自分なりに表現して楽しむ。

(3) 生活の中でイメージを豊かにし，様々な表現を楽しむ。

2　内容

(1) 生活の中で様々な音，形，色，手触り，動きなどに気付いたり，感じたりするなどして楽しむ。

(2) 生活の中で美しいものや心を動かす出来事に触れ，イメージを豊かにする。

(3) 様々な出来事の中で，感動したことを伝え合う楽しさを味わう。

(4) 感じたこと，考えたことなどを音や動きなどで表現したり，自由にかいたり，つくったりなどする。

(5) いろいろな素材に親しみ，工夫して遊ぶ。

(6) 音楽に親しみ，歌を歌ったり，簡単なリズム楽器を使ったりなどする楽しさを味わう。

(7) かいたり，つくったりすることを楽しみ，遊びに使ったり，飾ったりなどする。

(8) 自分のイメージを動きや言葉などで表現したり，演じて遊んだりするなどの楽しさを味わう。

3　内容の取扱い

上記の取扱いに当たっては，次の事項に留意する必要がある。

(1) 豊かな感性は，身近な環境と十分に関わる中で美しいもの，優れたもの，心を動かす出来事などに出会い，そこから得た感動を他の幼児や教師と共有し，様々に表現することなどを通して養われるようにすること。その際，風の音や雨の音，身近にある草や花の形や色など自然の中にある音，形，色などに気付くようにすること。

(2) 幼児の自己表現は素朴な形で行われることが多いので，教師はそのような表現を受容し，幼児自身の表現しようとする意欲を受け止めて，幼児が生活の中で幼児らしい様々な表現を楽しむことができるようにすること。

(3) 生活経験や発達に応じ，自ら様々な表現を楽しみ，表現する意欲を十分に発揮させることができるように，遊具や用具などを整えたり，様々な素材や表現の仕方に親しんだり，他の幼児の表現に触れられるよう配慮したりし，表現する過程を大切にして自己表現を楽しめるように工夫すること。

第3章　教育課程に係る教育時間の終了後等に行う教育活動などの留意事項

1　地域の実態や保護者の要請により，教育課程に係る教育時間の終了後等に希望する者を対象に行う教育活動については，幼児の心身の負担に配慮するものとする。また，次の点にも留意するものとする。

(1) 教育課程に基づく活動を考慮し，幼児期にふさわしい無理のないものとなるようにすること。その際，教育課程に基づく活動を担当する教師と緊密な連携を図るようにすること。

(2) 家庭や地域での幼児の生活も考慮し，教育課程に係る教育時間の終了後等に行う教育活動の計画を作成するようにすること。その際，地域の人々と連携するなど，地域の様々な資源を活用しつつ，多様な体験ができるようにすること。

(3) 家庭との緊密な連携を図るようにすること。その際，情報交換の機会を設けたりするなど，保護者が，幼稚園と共に幼児を育てるという意識が高まるようにすること。

(4) 地域の実態や保護者の事情とともに幼児の生活のリズムを踏まえつつ，例えば実施日数や時間などについて，弾力的な運用に配慮すること。

(5) 適切な責任体制と指導体制を整備した上で行うようにすること。

2 幼稚園の運営に当たっては，子育ての支援のために保護者や地域の人々に機能や施設を開放して，園内体制の整備や関係機関との連携及び協力に配慮しつつ，幼児期の教育に関する相談に応じたり，情報を提供したり，幼児と保護者との登園を受け入れたり，保護者同士の交流の機会を提供したりするなど，幼稚園と家庭が一体となって幼児と関わる取組を進め，地域における幼児期の教育のセンターとしての役割を果たすよう努めるものとする。その際，心理や保健の専門家，地域の子育て経験者等と連携・協働しながら取り組むよう配慮するものとする。

保育所保育指針

平成29年3月告示
厚生労働省

◯厚生労働省告示第百十七号

児童福祉施設の設備及び運営に関する基準(昭和二十三年厚生省令第六十三号)第三十五条の規定に基づき、保育所保育指針(平成二十年厚生労働省告示第百四十一号)の全部を次のように改正し、平成三十年四月一日から適用する。

平成二十九年三月三十一日

厚生労働大臣　塩崎　恭久

●保育所保育指針　目次

第1章　総則

この指針は、児童福祉施設の設備及び運営に関する基準(昭和23年厚生省令第63号。以下「設備運営基準」という。)第35条の規定に基づき、保育所における保育の内容に関する事項及びこれに関連する運営に関する事項を定めるものである。各保育所は、この指針において規定される保育の内容に係る基本原則に関する事項等を踏まえ、各保育所の実情に応じて創意工夫を図り、保育所の機能及び質の向上に努めなければならない。

1　保育所保育に関する基本原則

(1) 保育所の役割

ア　保育所は、児童福祉法(昭和22年法律第164号)第39条の規定に基づき、保育を必要とする子どもの保育を行い、その健全な心身の発達を図ることを目的とする児童福祉施設であり、入所する子どもの最善の利益を考慮し、その福祉を積極的に増進することに最もふさわしい生活の場でなければならない。

イ　保育所は、その目的を達成するために、保育に関する専門性を有する職員が、家庭との緊密な連携の下に、子どもの状況や発達過程を踏まえ、保育所における環境を通して、養護及び教育を一体的に行うことを特性としている。

ウ　保育所は、入所する子どもを保育するとともに、家庭や地域の様々な社会資源との連携を図りながら、入所する子どもの保護者に対する支援及び地域の子育て家庭に対する支援等を行う役割を担うものである。

エ　保育所における保育士は、児童福祉法第18条の4の規定を踏まえ、保育所の役割及び機能が適切に発揮されるように、倫理観に裏付けられた専門的知識、技術及び判断をもって、子どもを保育するとともに、子どもの保護者に対する保育に関する指導を行うものであり、その職責を遂行するための専門性の向上に絶えず努めなければならない。

(2) 保育の目標

ア　保育所は、子どもが生涯にわたる人間形成にとって極めて重要な時期に、その生活時間の大半を過ごす場である。このため、保育所の保育は、子どもが現在を最も良く生き、望ましい未来をつくり出す力の基礎を培うために、次の目標を目指して行わなければならない。

(ア) 十分に養護の行き届いた環境の下に、くつろいだ雰囲気の中で子どもの様々な欲求を満たし、生命の保持及び情緒の安定を図ること。

(イ) 健康、安全など生活に必要な基本的な習慣や態度を養い、心身の健康の基礎を培うこと。

(ウ) 人との関わりの中で、人に対する愛情と信頼感、そして人権を大切にする心を育てるとともに、自主、自立及び協調の態度を養い、道徳性の芽生えを培うこと。

(エ) 生命、自然及び社会の事象についての興味や関心を育て、それらに対する豊かな心情や思考力の芽生えを培うこと。

(オ) 生活の中で、言葉への興味や関心を育て、話したり、聞いたり、相手の話を理解しようとするなど、言葉の豊かさを養うこと。

(カ) 様々な体験を通して、豊かな感性や表現力を育み、創造性の芽生えを培うこと。

イ　保育所は、入所する子どもの保護者に対し、その意向を受け止め、子どもと保護者の安定した関係に配慮し、保育所の特性や保育士等の専門性を生かして、その援助に当たらなければならない。

(3)　保育の方法

保育の目標を達成するために、保育士等は、次の事項に留意して保育しなければならない。

ア　一人一人の子どもの状況や家庭及び地域社会での生活の実態を把握するとともに、子どもが安心感と信頼感をもって活動できるよう、子どもの主体としての思いや願いを受け止めること。

イ　子どもの生活のリズムを大切にし、健康、安全で情緒の安定した生活ができる環境や、自己を十分に発揮できる環境を整えること。

ウ　子どもの発達について理解し、一人一人の発達過程に応じて保育すること。その際、子どもの個人差に十分配慮すること。

エ　子ども相互の関係づくりや互いに尊重する心を大切にし、集団における活動を効果あるものにするよう援助すること。

オ　子どもが自発的・意欲的に関われるような環境を構成し、子どもの主体的な活動や子ども相互の関わりを大切にすること。特に、乳幼児期にふさわしい体験が得られるように、生活や遊びを通して総合的に保育すること。

カ　一人一人の保護者の状況やその意向を理解、受容し、それぞれの親子関係や家庭生活等に配慮しながら、様々な機会をとらえ、適切に援助すること。

(4)　保育の環境

保育の環境には、保育士等や子どもなどの人的環境、施設や遊具などの物的環境、更には自然や社会の事象などがある。保育所は、こうした人、物、場などの環境が相互に関連し合い、子どもの生活が豊かなものとなるよう、次の事項に留意しつつ、計画的に環境を構成し、工夫して保育しなければならない。

ア　子ども自らが環境に関わり、自発的に活動し、様々な経験を積んでいくことができるよう配慮すること。

イ　子どもの活動が豊かに展開されるよう、保育所の設備や環境を整え、保育所の保健的環境や安全の確保などに努めること。

ウ　保育室は、温かな親しみとくつろぎの場となるとともに、生き生きと活動できる場となるように配慮すること。

エ　子どもが人と関わる力を育てていくため、子ども自らが周囲の子どもや大人と関わっていくことができる環境を整えること。

(5)　保育所の社会的責任

ア　保育所は、子どもの人権に十分配慮するとともに、子ども一人一人の人格を尊重して保育を行わなければならない。

イ　保育所は、地域社会との交流や連携を図り、保護者や地域社会に、当該保育所が行う保育の内容を適切に説明するよう努めなければならない。

ウ　保育所は、入所する子ども等の個人情報を適切に取り扱うとともに、保護者の苦情などに対し、その解決を図るよう努めなければならない。

2　養護に関する基本的事項

(1)　養護の理念

保育における養護とは、子どもの生命の保持及び情緒の安定を図るために保育士等が行う援助や関わりであり、保育所における保育は、養護及び教育を一体的に行うことをその特性とするものである。保育所における保育全体を通じて、養護に関するねらい及び内容を踏まえた保育が展開されなければならない。

(2)　養護に関わるねらい及び内容

ア　生命の保持

(ア) ねらい

①　一人一人の子どもが、快適に生活できるようにする。

②　一人一人の子どもが、健康で安全に過ごせるようにする。

③　一人一人の子どもの生理的欲求が、十分に満たされるようにする。

④　一人一人の子どもの健康増進が、積極的に図られるようにする。

(イ) 内容

①　一人一人の子どもの平常の健康状態や発育及び発達状態を的確に把握し、異常を感じる場合は、速やかに適切に対応する。

②　家庭との連携を密にし、嘱託医等との連携を図りながら、子どもの疾病や事故防止に関する認識を深め、保健的で安全な保育環境の維持及び向上に努める。

③　清潔で安全な環境を整え、適切な援助や応答的な関わりを通して子どもの生理的欲求を満たしていく。また、家庭と協力しながら、子どもの発達過程等に応じた適切な生活のリズムがつくられていくようにする。

④　子どもの発達過程等に応じて、適度な運動と休息を取ることができるようにする。また、食事、排泄(せつ)、衣類の着脱、身の回りを清潔にすることなどについて、子どもが意欲的に生活できるよう適切に援助する。

イ　情緒の安定

(ア) ねらい

①　一人一人の子どもが、安定感をもって過ごせるようにする。

②　一人一人の子どもが、自分の気持ちを安心して表すことができるようにする。

③　一人一人の子どもが、周囲から主体として受け止められ、主体として育ち、自分を肯定する気持ちが育まれていくようにする。

④　一人一人の子どもがくつろいで共に過ごし、心身の疲れが癒されるようにする。

(イ) 内容

①　一人一人の子どもの置かれている状態や発達過程などを的確に把握し、子どもの欲求を適切に満たしながら、応答的な触れ合いや言葉がけを行う。

②　一人一人の子どもの気持ちを受容し、共感しながら、子どもとの継続的な信頼関係を築いていく。

③　保育士等との信頼関係を基盤に、一人一人の子どもが主体的に活動し、自発性や探索意欲などを高めるとともに、自分への自信をもつことができるよう成長の過程を見守り、適切に働きかける。

④　一人一人の子どもの生活のリズム、発達過程、保育時間などに応じて、活動内容のバランスや調和を図りながら、適切な食事や休息が取れるようにする。

3　保育の計画及び評価

(1)　全体的な計画の作成

ア　保育所は、1の(2)に示した保育の目標を達成するために、各保育所の保育の方針や目標に基づき、子どもの発達過程を踏まえて、保育の内容が組織的・計画的に構成され、保育所の生活の全体を通して、総合的に展開されるよう、全体的な計画を作成しなければならない。

イ　全体的な計画は、子どもや家庭の状況、地域の実態、保育時間などを考慮し、子どもの育ちに関する長期的見通しをもって適切に作成されなければならない。

ウ　全体的な計画は、保育所保育の全体像を包括的に示すものとし、これに基づく指導計画、保健計画、食育計画等を通じて、各保育所が創意工夫して保育できるよう、作成されなければならない。

(2)　指導計画の作成

ア　保育所は、全体的な計画に基づき、具体的な保育が適切に展開されるよう、子どもの生活や発達を見通した長期的な指導計画と、それに関連しながら、より具体的な子どもの日々の生活に即した短期的な指導計画を作成しなければならない。

イ　指導計画の作成に当たっては、第2章及びその他の関連する章に示された事項のほか、子ども一人一人の発達過程や状況を十分に踏まえるとともに、次の事項に留意しなければならない。

(ア) 3歳未満児については、一人一人の子どもの生育歴、心身の発達、活動の実態等に即して、個別的な計画を作成すること。

(イ) 3歳以上児については、個の成長と、子ども相互の関係や協同的な活動が促されるよう配慮すること。

(ウ) 異年齢で構成される組やグループでの保育においては、一人一人の子どもの生活や経験、発達過程などを把握し、適切な援助や環境構成ができるよう配慮すること。

ウ　指導計画においては、保育所の生活における子どもの発達過程を見通し、生活の連続性、季節の変化などを考慮し、子どもの実態に即した具体的なねらい及び内容を設定すること。また、具体的なねらいが達成されるよう、子どもの生活する姿や発想を大切にして適切な環境を構成し、子どもが主体的に活動できるようにすること。

エ　一日の生活のリズムや在園時間が異なる子どもが共に過ごすことを踏まえ、活動と休息、緊張感と解放感等の調和を図るよう配慮すること。

オ　午睡は生活のリズムを構成する重要な要素であり、安心して眠ることのできる安全な睡眠環境を確保するとともに、在園時間が異なることや、睡眠時間は子どもの発達の状況や個人によって差があることから、一律とならないよう配慮すること。

カ　長時間にわたる保育については、子どもの発達過程、生活のリズム及び心身の状態に十分配慮して、保育の内容や方法、職員の協力体制、家庭との連携などを指導計画に位置付けること。

キ　障害のある子どもの保育については、一人一人の子どもの発達過程や障害の状態を把握し、適切な環境の下で、障害のある子どもが他の子どもとの生活を通して共に成長できるよう、指導計画の中に位置付けること。また、子どもの状況に応じた保育を実施する観点から、家庭や関係機関と連携した支援のための計画を個別に作成するなど適切な対応を図ること。

(3) 指導計画の展開

指導計画に基づく保育の実施に当たっては、次の事項に留意しなければならない。

ア　施設長、保育士など、全職員による適切な役割分担と協力体制を整えること。

イ　子どもが行う具体的な活動は、生活の中で様々に変化することに留意して、子どもが望ましい方向に向かって自ら活動を展開できるよう必要な援助を行うこと。

ウ　子どもの主体的な活動を促すためには、保育士等が多様な関わりをもつことが重要であることを踏まえ、子どもの情緒の安定や発達に必要な豊かな体験が得られるよう援助すること。

エ　保育士等は、子どもの実態や子どもを取り巻く状況の変化などに即して保育の過程を記録するとともに、これらを踏まえ、指導計画に基づく保育の内容の見直しを行い、改善を図ること。

(4) 保育内容等の評価

ア　保育士等の自己評価

(ア) 保育士等は、保育の計画や保育の記録を通して、自らの保育実践を振り返り、自己評価することを通して、その専門性の向上や保育実践の改善に努めなければならない。

(イ) 保育士等による自己評価に当たっては、子どもの活動内容やその結果だけでなく、子どもの心の育ちや意欲、取り組む過程などにも十分配慮するよう留意すること。

(ウ) 保育士等は、自己評価における自らの保育実践の振り返りや職員相互の話し合い等を通じて、専門性の向上及び保育の質の向上のための課題を明確にするとともに、保育所全体の保育の内容に関する認識を深めること。

イ　保育所の自己評価

(ア) 保育所は、保育の質の向上を図るため、保育の計画の展開や保育士等の自己評価を踏まえ、当該保育所の保育の内容等について、自ら評価を行い、その結果を公表するよう努めなければならない。

(イ) 保育所が自己評価を行うに当たっては、地域の実情や保育所の実態に即して、適切に評価の観点や項目等を設定し、全職員による共通理解をもって取り組むよう留意すること。

(ウ) 設備運営基準第36条の趣旨を踏まえ、保育の内容等の評価に関し、保護者及び地域住民等の意見を聴くことが望ましいこと。

(5) 評価を踏まえた計画の改善

ア　保育所は、評価の結果を踏まえ、当該保育所の保育の内容等の改善を図ること。

イ　保育の計画に基づく保育、保育の内容の評価及びこれに基づく改善という一連の取組により、保育の質の向上が図られるよう、全職員が共通理解をもって取り組むことに留意すること。

4　幼児教育を行う施設として共有すべき事項

(1) 育みたい資質・能力

ア　保育所においては、生涯にわたる生きる力の基礎を培うため、1の(2)に示す保育の目標を踏まえ、次に掲げる資質・能力を一体的に育むよう努めるものとする。

(ア) 豊かな体験を通じて、感じたり、気付いたり、分かったり、できるようになったりする「知識及び技能の基礎」

(イ) 気付いたことや、できるようになったことなどを使い、考えたり、試したり、工夫したり、表現したりする「思考力、判断力、表現力等の基礎」

(ウ) 心情、意欲、態度が育つ中で、よりよい生活を営もうとする「学びに向かう力、人間性等」

イ　アに示す資質・能力は、第２章に示すねらい及び内容に基づく保育活動全体によって育むものである。

(2) 幼児期の終わりまでに育ってほしい姿

次に示す「幼児期の終わりまでに育ってほしい姿」は、第２章に示すねらい及び内容に基づく保育活動全体を通して資質・能力が育まれている子どもの小学校就学時の具体的な姿であり、保育士等が指導を行う際に考慮するものである。

ア　健康な心と体

保育所の生活の中で、充実感をもって自分のやりたいことに向かって心と体を十分に働かせ、見通しをもって行動し、自ら健康で安全な生活をつくり出すようになる。

イ　自立心

身近な環境に主体的に関わり様々な活動を楽しむ中で、しなければならないことを自覚し、自分の力で行うために考えたり、工夫したりしながら、諦めずにやり遂げることで達成感を味わい、自信をもって行動するようになる。

ウ　協同性

友達と関わる中で、互いの思いや考えなどを共有し、共通の目的の実現に向けて、考えたり、工夫したり、協力したりし、充実感をもってやり遂げるようになる。

エ　道徳性・規範意識の芽生え

友達と様々な体験を重ねる中で、してよいことや悪いことが分かり、自分の行動を振り返ったり、友達の気持ちに共感したりし、相手の立場に立って行動するようになる。また、きまりを守る必要性が分かり、自分の気持ちを調整し、友達と折り合いを付けながら、きまりをつくったり、守ったりするようになる。

オ　社会生活との関わり

家族を大切にしようとする気持ちをもつとともに、地域の身近な人と触れ合う中で、人との様々な関わり方に気付き、相手の気持ちを考えて関わり、自分が役に立つ喜びを感じ、地域に親しみをもつようになる。また、保育所内外の様々な環境に関わる中で、遊びや生活に必要な情報を取り入れ、情報に基づき判断したり、情報を伝え合ったり、活用したりするなど、情報を役立てながら活動するようになるとともに、公共の施設を大切に利用するなどして、社会とのつながりなどを意識するようになる。

カ　思考力の芽生え

身近な事象に積極的に関わる中で、物の性質や仕組みなどを感じ取ったり、気付いたりし、考えたり、予想したり、工夫したりするなど、多様な関わりを楽しむようになる。また、友達の様々な考えに触れる中で、自分と異なる考えがあることに気付き、自ら判断したり、考え直したりするなど、新しい考えを生み出す喜びを味わいながら、自分の考えをよりよいものにするようになる。

キ　自然との関わり・生命尊重

自然に触れて感動する体験を通して、自然の変化などを感じ取り、好奇心や探究心をもって考え言葉などで表現しながら、身近な事象への関心が高まるとともに、自然への愛情や畏敬の念をもつようになる。また、身近な動植物に心を動かされる中で、生命の不思議さや尊さに気付き、身近な動植物への接し方を考え、命あるものとしていたわり、大切にする気持ちをもって関わるようになる。

ク　数量や図形、標識や文字などへの関心・感覚

遊びや生活の中で、数量や図形、標識や文字などに親しむ体験を重ねたり、標識や文字の役割に気付いたりし、自らの必要感に基づきこれらを活用し、興味や関心、感覚をもつようになる。

ケ　言葉による伝え合い

保育士等や友達と心を通わせる中で、絵本や物語などに親しみながら、豊かな言葉や表現を身に付け、経験したことや考えたことなどを言葉で伝えたり、相手の話を注意して聞いたりし、言葉による伝え合いを楽しむようになる。

コ　豊かな感性と表現

心を動かす出来事などに触れ感性を働かせる中で、様々な素材の特徴や表現の仕方などに気付き、感じたことや考えたことを自分で表現したり、友達同士で表現する過程を楽しんだりし、表現する喜びを味わい、意欲をもつようになる。

第２章　保育の内容

この章に示す「ねらい」は、第１章の１の(2)に示された保育の目標をより具体化したものであり、子どもが保育所において、安定した生活を送り、充実した活動ができるように、保育を通じて育みたい資質・能力を、子どもの生活する姿から捉えたものである。また、「内容」は、「ねらい」を達成するために、子どもの生活やその状況に応じて保育士等が適切に行う事項と、保育士等が援助して子どもが環境に関わって経験する事項を示したものである。

保育における「養護」とは、子どもの生命の保持及び情緒の安定を図るために保育士等が行う援助や関わりであり、「教育」とは、子どもが健やかに成長し、その活動がより豊かに展開されるための発達の援助である。本章では、保育士等が、「ねらい」及び「内容」を具体的に把握するため、主に教育に関わる側面からの視点を示しているが、実際の保育においては、養護と教育が一体となって展開されることに留意する必要がある。

１　乳児保育に関わるねらい及び内容

(1)　基本的事項

ア　乳児期の発達については、視覚、聴覚などの感覚や、座る、はう、歩くなどの運動機能が著しく発達し、特定の大人との応答的な関わりを通じて、情緒的な絆（きずな）が形成されるといっ

た特徴がある。これらの発達の特徴を踏まえて、乳児保育は、愛情豊かに、応答的に行われることが特に必要である。

イ　本項においては、この時期の発達の特徴を踏まえ、乳児保育の「ねらい」及び「内容」については、身体的発達に関する視点「健やかに伸び伸びと育つ」、社会的発達に関する視点「身近な人と気持ちが通じ合う」及び精神的発達に関する視点「身近なものと関わり感性が育つ」としてまとめ、示している。

ウ　本項の各視点において示す保育の内容は、第１章の２に示された養護における「生命の保持」及び「情緒の安定」に関わる保育の内容と、一体となって展開されるものであることに留意が必要である。

(2) ねらい及び内容

ア　健やかに伸び伸びと育つ

健康な心と体を育て、自ら健康で安全な生活をつくり出す力の基盤を培う。

(ア) ねらい

① 身体感覚が育ち、快適な環境に心地よさを感じる。

② 伸び伸びと体を動かし、はう、歩くなどの運動をしようとする。

③ 食事、睡眠等の生活のリズムの感覚が芽生える。

(イ) 内容

① 保育士等の愛情豊かな受容の下で、生理的・心理的欲求を満たし、心地よく生活をする。

② 一人一人の発育に応じて、はう、立つ、歩くなど、十分に体を動かす。

③ 個人差に応じて授乳を行い、離乳を進めていく中で、様々な食品に少しずつ慣れ、食べることを楽しむ。

④ 一人一人の生活のリズムに応じて、安全な環境の下で十分に午睡をする。

⑤ おむつ交換や衣服の着脱などを通じて、清潔になることの心地よさを感じる。

(ウ) 内容の取扱い

上記の取扱いに当たっては、次の事項に留意する必要がある。

① 心と体の健康は、相互に密接な関連があるものであることを踏まえ、温かい触れ合いの中で、心と体の発達を促すこと。特に、寝返り、お座り、はいはい、つかまり立ち、伝い歩きなど、発育に応じて、遊びの中で体を動かす機会を十分に確保し、自ら体を動かそうとする意欲が育つようにすること。

② 健康な心と体を育てるためには望ましい食習慣の形成が重要であることを踏まえ、離乳食が完了期へと徐々に移行する中で、様々な食品に慣れるようにするとともに、和やかな雰囲気の中で食べる喜びや楽しさを味わい、進んで食べようとする気持ちが育つようにすること。なお、食物アレルギーのある子どもへの対応については、嘱託医等の指示や協力の下に適切に対応すること。

イ　身近な人と気持ちが通じ合う

受容的・応答的な関わりの下で、何かを伝えようとする意欲や身近な大人との信頼関係を育て、人と関わる力の基盤を培う。

(ア) ねらい

① 安心できる関係の下で、身近な人と共に過ごす喜びを感じる。

② 体の動きや表情、発声等により、保育士等と気持ちを通わせようとする。

③ 身近な人と親しみ、関わりを深め、愛情や信頼感が芽生える。

(イ) 内容

① 子どもからの働きかけを踏まえた、応答的な触れ合いや言葉がけによって、欲求が満たされ、安定感をもって過ごす。

② 体の動きや表情、発声、喃語等を優しく受け止めてもらい、保育士等とのやり取りを楽しむ。

③ 生活や遊びの中で、自分の身近な人の存在に気付き、親しみの気持ちを表す。

④ 保育士等による語りかけや歌いかけ、発声や喃語等への応答を通じて、言葉の理解や発語の意欲が育つ。

⑤ 温かく、受容的な関わりを通じて、自分を肯定する気持ちが芽生える。

(ウ) 内容の取扱い

上記の取扱いに当たっては、次の事項に留意する必要がある。

① 保育士等との信頼関係に支えられて生活を確立していくことが人と関わる基盤となることを考慮して、子どもの多様な感情を受け止め、温かく受容的・応答的に関わり、一人一人に応じた適切な援助を行うようにすること。

② 身近な人に親しみをもって接し、自分の感情などを表し、それに相手が応答する言葉を聞くことを通して、次第に言葉が獲得されていくことを考慮して、楽しい雰囲気の中での保育士等との関わり合いを大切にし、ゆっくりと優しく話しかけるなど、積極的に言葉のやり取りを楽しむことができるようにすること。

ウ　身近なものと関わり感性が育つ

身近な環境に興味や好奇心をもって関わり、感じたことや考えたことを表現する力の基盤を培う。

(ア) ねらい

① 身の回りのものに親しみ、様々なものに興味や関心をもつ。

② 見る、触れる、探索するなど、身近な環境に自分から関わろうとする。

③ 身体の諸感覚による認識が豊かになり、表情や手足、体の動き等で表現する。

(イ) 内容

① 身近な生活用具、玩具や絵本などが用意された中で、身の回りのものに対する興味や好奇心をもつ。

② 生活や遊びの中で様々なものに触れ、音、形、色、手触りなどに気付き、感覚の働きを豊かにする。

③ 保育士等と一緒に様々な色彩や形のものや絵本などを見る。

④ 玩具や身の回りのものを、つまむ、つかむ、たたく、引っ張るなど、手や指を使って遊ぶ。

⑤ 保育士等のあやし遊びに機嫌よく応じたり、歌やリズムに合わせて手足や体を動かして楽しんだりする。

(ウ) 内容の取扱い

上記の取扱いに当たっては、次の事項に留意する必要がある。

① 玩具などは、音質、形、色、大きさなど子どもの発達状態に応じて適切なものを選び、

その時々の子どもの興味や関心を踏まえるなど、遊びを通して感覚の発達が促されるものとなるように工夫すること。なお、安全な環境の下で、子どもが探索意欲を満たして自由に遊べるよう、身の回りのものについては、常に十分な点検を行うこと。

② 乳児期においては、表情、発声、体の動きなどで、感情を表現することが多いことから、これらの表現しようとする意欲を積極的に受け止めて、子どもが様々な活動を楽しむことを通して表現が豊かになるようにすること。

(3) 保育の実施に関わる配慮事項

ア 乳児は疾病への抵抗力が弱く、心身の機能の未熟さに伴う疾病の発生が多いことから、一人一人の発育及び発達状態や健康状態についての適切な判断に基づく保健的な対応を行うこと。

イ 一人一人の子どもの生育歴の違いに留意しつつ、欲求を適切に満たし、特定の保育士が応答的に関わるように努めること。

ウ 乳児保育に関わる職員間の連携や嘱託医との連携を図り、第3章に示す事項を踏まえ、適切に対応すること。栄養士及び看護師等が配置されている場合は、その専門性を生かした対応を図ること。

エ 保護者との信頼関係を築きながら保育を進めるとともに、保護者からの相談に応じ、保護者への支援に努めていくこと。

オ 担当の保育士が替わる場合には、子どものそれまでの生育歴や発達過程に留意し、職員間で協力して対応すること。

2 1歳以上3歳未満児の保育に関わるねらい及び内容

(1) 基本的事項

ア この時期においては、歩き始めから、歩く、走る、跳ぶなどへと、基本的な運動機能が次第に発達し、排泄（せつ）の自立のための身体的機能も整うようになる。つまむ、めくるなどの指先の機能も発達し、食事、衣類の着脱なども、保育士等の援助の下で自分で行うようになる。発声も明瞭になり、語彙も増加し、自分の意思や欲求を言葉で表出できるようになる。このように自分でできることが増えてくる時期であることから、保育士等は、子どもの生活の安定を図りながら、自分でしようとする気持ちを尊重し、温かく見守るとともに、愛情豊かに、応答的に関わることが必要である。

イ 本項においては、この時期の発達の特徴を踏まえ、保育の「ねらい」及び「内容」について、心身の健康に関する領域「健康」、人との関わりに関する領域「人間関係」、身近な環境との関わりに関する領域「環境」、言葉の獲得に関する領域「言葉」及び感性と表現に関する領域「表現」としてまとめ、示している。

ウ 本項の各領域において示す保育の内容は、第1章の2に示された養護における「生命の保持」及び「情緒の安定」に関わる保育の内容と、一体となって展開されるものであることに留意が必要である。

(2) ねらい及び内容

ア 健康

健康な心と体を育て、自ら健康で安全な生活をつくり出す力を養う。

(ア) ねらい

① 明るく伸び伸びと生活し、自分から体を動かすことを楽しむ。

② 自分の体を十分に動かし、様々な動きをしようとする。

③ 健康、安全な生活に必要な習慣に気付き、自分でしてみようとする気持ちが育つ。

(イ) 内容

① 保育士等の愛情豊かな受容の下で、安定感をもって生活をする。

② 食事や午睡、遊びと休息など、保育所における生活のリズムが形成される。

③ 走る、跳ぶ、登る、押す、引っ張るなど全身を使う遊びを楽しむ。

④ 様々な食品や調理形態に慣れ、ゆったりとした雰囲気の中で食事や間食を楽しむ。

⑤ 身の回りを清潔に保つ心地よさを感じ、その習慣が少しずつ身に付く。

⑥ 保育士等の助けを借りながら、衣類の着脱を自分でしようとする。

⑦ 便器での排泄(せつ)に慣れ、自分で排泄(せつ)ができるようになる。

(ウ) 内容の取扱い

上記の取扱いに当たっては、次の事項に留意する必要がある。

① 心と体の健康は、相互に密接な関連があるものであることを踏まえ、子どもの気持ちに配慮した温かい触れ合いの中で、心と体の発達を促すこと。特に、一人一人の発育に応じて、体を動かす機会を十分に確保し、自ら体を動かそうとする意欲が育つようにすること。

② 健康な心と体を育てるためには望ましい食習慣の形成が重要であることを踏まえ、ゆったりとした雰囲気の中で食べる喜びや楽しさを味わい、進んで食べようとする気持ちが育つようにすること。なお、食物アレルギーのある子どもへの対応については、嘱託医等の指示や協力の下に適切に対応すること。

③ 排泄(せつ)の習慣については、一人一人の排尿間隔等を踏まえ、おむつが汚れていないときに便器に座らせるなどにより、少しずつ慣れさせるようにすること。

④ 食事、排泄(せつ)、睡眠、衣類の着脱、身の回りを清潔にすることなど、生活に必要な基本的な習慣については、一人一人の状態に応じ、落ち着いた雰囲気の中で行うようにし、子どもが自分でしようとする気持ちを尊重すること。また、基本的な生活習慣の形成に当たっては、家庭での生活経験に配慮し、家庭との適切な連携の下で行うようにすること。

イ 人間関係

他の人々と親しみ、支え合って生活するために、自立心を育て、人と関わる力を養う。

(ア) ねらい

① 保育所での生活を楽しみ、身近な人と関わる心地よさを感じる。

② 周囲の子ども等への興味や関心が高まり、関わりをもとうとする。

③ 保育所の生活の仕方に慣れ、きまりの大切さに気付く。

(イ) 内容

① 保育士等や周囲の子ども等との安定した関係の中で、共に過ごす心地よさを感じる。

② 保育士等の受容的・応答的な関わりの中で、欲求を適切に満たし、安定感をもって過ごす。

③　身の回りに様々な人がいることに気付き、徐々に他の子どもと関わりをもって遊ぶ。
④　保育士等の仲立ちにより、他の子どもとの関わり方を少しずつ身につける。
⑤　保育所の生活の仕方に慣れ、きまりがあることや、その大切さに気付く。
⑥　生活や遊びの中で、年長児や保育士等の真似をしたり、ごっこ遊びを楽しんだりする。

(ウ) 内容の取扱い

上記の取扱いに当たっては、次の事項に留意する必要がある。

①　保育士等との信頼関係に支えられて生活を確立するとともに、自分で何かをしようとする気持ちが旺盛になる時期であることに鑑み、そのような子どもの気持ちを尊重し、温かく見守るとともに、愛情豊かに、応答的に関わり、適切な援助を行うようにすること。
②　思い通りにいかない場合等の子どもの不安定な感情の表出については、保育士等が受容的に受け止めるとともに、そうした気持ちから立ち直る経験や感情をコントロールすることへの気付き等につなげていけるように援助すること。
③　この時期は自己と他者との違いの認識がまだ十分ではないことから、子どもの自我の育ちを見守るとともに、保育士等が仲立ちとなって、自分の気持ちを相手に伝えることや相手の気持ちに気付くことの大切さなど、友達の気持ちや友達との関わり方を丁寧に伝えていくこと。

ウ　環境

周囲の様々な環境に好奇心や探究心をもって関わり、それらを生活に取り入れていこうとする力を養う。

(ア) ねらい

①　身近な環境に親しみ、触れ合う中で、様々なものに興味や関心をもつ。
②　様々なものに関わる中で、発見を楽しんだり、考えたりしようとする。
③　見る、聞く、触るなどの経験を通して、感覚の働きを豊かにする。

(イ) 内容

①　安全で活動しやすい環境での探索活動等を通して、見る、聞く、触れる、嗅ぐ、味わうなどの感覚の働きを豊かにする。
②　玩具、絵本、遊具などに興味をもち、それらを使った遊びを楽しむ。
③　身の回りの物に触れる中で、形、色、大きさ、量などの物の性質や仕組みに気付く。
④　自分の物と人の物の区別や、場所的感覚など、環境を捉える感覚が育つ。
⑤　身近な生き物に気付き、親しみをもつ。
⑥　近隣の生活や季節の行事などに興味や関心をもつ。

(ウ) 内容の取扱い

上記の取扱いに当たっては、次の事項に留意する必要がある。

①　玩具などは、音質、形、色、大きさなど子どもの発達状態に応じて適切なものを選び、遊びを通して感覚の発達が促されるように工夫すること。
②　身近な生き物との関わりについては、子どもが命を感じ、生命の尊さに気付く経験へとつながるものであることから、そうした気付きを促すような関わりとなるようにすること。

③ 地域の生活や季節の行事などに触れる際には、社会とのつながりや地域社会の文化への気付きにつながるものとなることが望ましいこと。その際、保育所内外の行事や地域の人々との触れ合いなどを通して行うこと等も考慮すること。

エ 言葉

経験したことや考えたことなどを自分なりの言葉で表現し、相手の話す言葉を聞こうとする意欲や態度を育て、言葉に対する感覚や言葉で表現する力を養う。

(ア) ねらい

① 言葉遊びや言葉で表現する楽しさを感じる。

② 人の言葉や話などを聞き、自分でも思ったことを伝えようとする。

③ 絵本や物語等に親しむとともに、言葉のやり取りを通じて身近な人と気持ちを通わせる。

(イ) 内容

① 保育士等の応答的な関わりや話しかけにより、自ら言葉を使おうとする。

② 生活に必要な簡単な言葉に気付き、聞き分ける。

③ 親しみをもって日常の挨拶に応じる。

④ 絵本や紙芝居を楽しみ、簡単な言葉を繰り返したり、模倣をしたりして遊ぶ。

⑤ 保育士等とごっこ遊びをする中で、言葉のやり取りを楽しむ。

⑥ 保育士等を仲立ちとして、生活や遊びの中で友達との言葉のやり取りを楽しむ。

⑦ 保育士等や友達の言葉や話に興味や関心をもって、聞いたり、話したりする。

(ウ) 内容の取扱い

上記の取扱いに当たっては、次の事項に留意する必要がある。

① 身近な人に親しみをもって接し、自分の感情などを伝え、それに相手が応答し、その言葉を聞くことを通して、次第に言葉が獲得されていくものであることを考慮して、楽しい雰囲気の中で保育士等との言葉のやり取りができるようにすること。

② 子どもが自分の思いを言葉で伝えるとともに、他の子どもの話などを聞くことを通して、次第に話を理解し、言葉による伝え合いができるようになるよう、気持ちや経験等の言語化を行うことを援助するなど、子ども同士の関わりの仲立ちを行うようにすること。

③ この時期は、片言から、二語文、ごっこ遊びでのやり取りができる程度へと、大きく言葉の習得が進む時期であることから、それぞれの子どもの発達の状況に応じて、遊びや関わりの工夫など、保育の内容を適切に展開することが必要であること。

オ 表現

感じたことや考えたことを自分なりに表現することを通して、豊かな感性や表現する力を養い、創造性を豊かにする。

(ア) ねらい

① 身体の諸感覚の経験を豊かにし、様々な感覚を味わう。

② 感じたことや考えたことなどを自分なりに表現しようとする。

③ 生活や遊びの様々な体験を通して、イメージや感性が豊かになる。

(イ) 内容

① 水、砂、土、紙、粘土など様々な素材に触れて楽しむ。
② 音楽、リズムやそれに合わせた体の動きを楽しむ。
③ 生活の中で様々な音、形、色、手触り、動き、味、香りなどに気付いたり、感じたりして楽しむ。
④ 歌を歌ったり、簡単な手遊びや全身を使う遊びを楽しんだりする。
⑤ 保育士等からの話や、生活や遊びの中での出来事を通して、イメージを豊かにする。
⑥ 生活や遊びの中で、興味のあることや経験したことなどを自分なりに表現する。

(ウ) 内容の取扱い

上記の取扱いに当たっては、次の事項に留意する必要がある。

① 子どもの表現は、遊びや生活の様々な場面で表出されているものであることから、それらを積極的に受け止め、様々な表現の仕方や感性を豊かにする経験となるようにすること。
② 子どもが試行錯誤しながら様々な表現を楽しむことや、自分の力でやり遂げる充実感などに気付くよう、温かく見守るとともに、適切に援助を行うようにすること。
③ 様々な感情の表現等を通じて、子どもが自分の感情や気持ちに気付くようになる時期であることに鑑み、受容的な関わりの中で自信をもって表現をすることや、諦めずに続けた後の達成感等を感じられるような経験が蓄積されるようにすること。
④ 身近な自然や身の回りの事物に関わる中で、発見や心が動く経験が得られるよう、諸感覚を働かせることを楽しむ遊びや素材を用意するなど保育の環境を整えること。

(3) 保育の実施に関わる配慮事項

ア 特に感染症にかかりやすい時期であるので、体の状態、機嫌、食欲などの日常の状態の観察を十分に行うとともに、適切な判断に基づく保健的な対応を心がけること。

イ 探索活動が十分できるように、事故防止に努めながら活動しやすい環境を整え、全身を使う遊びなど様々な遊びを取り入れること。

ウ 自我が形成され、子どもが自分の感情や気持ちに気付くようになる重要な時期であることに鑑み、情緒の安定を図りながら、子どもの自発的な活動を尊重するとともに促していくこと。

エ 担当の保育士が替わる場合には、子どものそれまでの経験や発達過程に留意し、職員間で協力して対応すること。

3 3歳以上児の保育に関するねらい及び内容

(1) 基本的事項

ア この時期においては、運動機能の発達により、基本的な動作が一通りできるようになるとともに、基本的な生活習慣もほぼ自立できるようになる。理解する語彙数が急激に増加し、知的興味や関心も高まってくる。仲間と遊び、仲間の中の一人という自覚が生じ、集団的な遊びや協同的な活動も見られるようになる。これらの発達の特徴を踏まえて、この時期の保育においては、個の成長と集団としての活動の充実が図られるようにしなければならない。

イ 本項においては、この時期の発達の特徴を踏まえ、保育の「ねらい」及び「内容」について、心身の健康に関する領域「健康」、人との関わりに関する領域「人間関係」、身近な環境との関わりに関する領域「環境」、言葉の獲得に関する領域「言葉」及び感性と表現に関する領域「表現」としてまとめ、示している。

ウ　本項の各領域において示す保育の内容は、第1章の2に示された養護における「生命の保持」及び「情緒の安定」に関わる保育の内容と、一体となって展開されるものであることに留意が必要である。

(2) ねらい及び内容

ア　健康

健康な心と体を育て、自ら健康で安全な生活をつくり出す力を養う。

(ア) ねらい

① 明るく伸び伸びと行動し、充実感を味わう。
② 自分の体を十分に動かし、進んで運動しようとする。
③ 健康、安全な生活に必要な習慣や態度を身に付け、見通しをもって行動する。

(イ) 内容

① 保育士等や友達と触れ合い、安定感をもって行動する。
② いろいろな遊びの中で十分に体を動かす。
③ 進んで戸外で遊ぶ。
④ 様々な活動に親しみ、楽しんで取り組む。
⑤ 保育士等や友達と食べることを楽しみ、食べ物への興味や関心をもつ。
⑥ 健康な生活のリズムを身に付ける。
⑦ 身の回りを清潔にし、衣服の着脱、食事、排泄(せつ)などの生活に必要な活動を自分でする。
⑧ 保育所における生活の仕方を知り、自分たちで生活の場を整えながら見通しをもって行動する。
⑨ 自分の健康に関心をもち、病気の予防などに必要な活動を進んで行う。
⑩ 危険な場所、危険な遊び方、災害時などの行動の仕方が分かり、安全に気を付けて行動する。

(ウ) 内容の取扱い

上記の取扱いに当たっては、次の事項に留意する必要がある。

① 心と体の健康は、相互に密接な関連があるものであることを踏まえ、子どもが保育士等や他の子どもとの温かい触れ合いの中で自己の存在感や充実感を味わうことなどを基盤として、しなやかな心と体の発達を促すこと。特に、十分に体を動かす気持ちよさを体験し、自ら体を動かそうとする意欲が育つようにすること。
② 様々な遊びの中で、子どもが興味や関心、能力に応じて全身を使って活動することにより、体を動かす楽しさを味わい、自分の体を大切にしようとする気持ちが育つようにすること。その際、多様な動きを経験する中で、体の動きを調整するようにすること。
③ 自然の中で伸び伸びと体を動かして遊ぶことにより、体の諸機能の発達が促されることに留意し、子どもの興味や関心が戸外にも向くようにすること。その際、子どもの動線に配慮した園庭や遊具の配置などを工夫すること。
④ 健康な心と体を育てるためには食育を通じた望ましい食習慣の形成が大切であることを踏まえ、子どもの食生活の実情に配慮し、和やかな雰囲気の中で保育士等や他の子

どもと食べる喜びや楽しさを味わったり、様々な食べ物への興味や関心をもったりするなどし、食の大切さに気付き、進んで食べようとする気持ちが育つようにすること。

⑤ 基本的な生活習慣の形成に当たっては、家庭での生活経験に配慮し、子どもの自立心を育て、子どもが他の子どもと関わりながら主体的な活動を展開する中で、生活に必要な習慣を身に付け、次第に見通しをもって行動できるようにすること。

⑥ 安全に関する指導に当たっては、情緒の安定を図り、遊びを通して安全についての構えを身に付け、危険な場所や事物などが分かり、安全についての理解を深めるようにすること。また、交通安全の習慣を身に付けるようにするとともに、避難訓練などを通して、災害などの緊急時に適切な行動がとれるようにすること。

イ　人間関係

他の人々と親しみ、支え合って生活するために、自立心を育て、人と関わる力を養う。

(ア) ねらい

① 保育所の生活を楽しみ、自分の力で行動することの充実感を味わう。

② 身近な人と親しみ、関わりを深め、工夫したり、協力したりして一緒に活動する楽しさを味わい、愛情や信頼感をもつ。

③ 社会生活における望ましい習慣や態度を身に付ける。

(イ) 内容

① 保育士等や友達と共に過ごすことの喜びを味わう。

② 自分で考え、自分で行動する。

③ 自分でできることは自分でする。

④ いろいろな遊びを楽しみながら物事をやり遂げようとする気持ちをもつ。

⑤ 友達と積極的に関わりながら喜びや悲しみを共感し合う。

⑥ 自分の思ったことを相手に伝え、相手の思っていることに気付く。

⑦ 友達のよさに気付き、一緒に活動する楽しさを味わう。

⑧ 友達と楽しく活動する中で、共通の目的を見いだし、工夫したり、協力したりなどする。

⑨ よいことや悪いことがあることに気付き、考えながら行動する。

⑩ 友達との関わりを深め、思いやりをもつ。

⑪ 友達と楽しく生活する中できまりの大切さに気付き、守ろうとする。

⑫ 共同の遊具や用具を大切にし、皆で使う。

⑬ 高齢者をはじめ地域の人々などの自分の生活に関係の深いいろいろな人に親しみをもつ。

(ウ) 内容の取扱い

上記の取扱いに当たっては、次の事項に留意する必要がある。

① 保育士等との信頼関係に支えられて自分自身の生活を確立していくことが人と関わる基盤となることを考慮し、子どもが自ら周囲に働き掛けることにより多様な感情を体験し、試行錯誤しながら諦めずにやり遂げることの達成感や、前向きな見通しをもって自分の力で行うことの充実感を味わうことができるよう、子どもの行動を見守りながら適切な援助を行うようにすること。

② 一人一人を生かした集団を形成しながら人と関わる力を育てていくようにすること。その際、集団の生活の中で、子どもが自己を発揮し、保育士等や他の子どもに認めら

れる体験をし、自分のよさや特徴に気付き、自信をもって行動できるようにすること。

③ 子どもが互いに関わりを深め、協同して遊ぶようになるため、自ら行動する力を育てるとともに、他の子どもと試行錯誤しながら活動を展開する楽しさや共通の目的が実現する喜びを味わうことができるようにすること。

④ 道徳性の芽生えを培うに当たっては、基本的な生活習慣の形成を図るとともに、子どもが他の子どもとの関わりの中で他人の存在に気付き、相手を尊重する気持ちをもって行動できるようにし、また、自然や身近な動植物に親しむことなどを通して豊かな心情が育つようにすること。特に、人に対する信頼感や思いやりの気持ちは、葛藤やつまずきをも体験し、それらを乗り越えることにより次第に芽生えてくることに配慮すること。

⑤ 集団の生活を通して、子どもが人との関わりを深め、規範意識の芽生えが培われることを考慮し、子どもが保育士等との信頼関係に支えられて自己を発揮する中で、互いに思いを主張し、折り合いを付ける体験をし、きまりの必要性などに気付き、自分の気持ちを調整する力が育つようにすること。

⑥ 高齢者をはじめ地域の人々などの自分の生活に関係の深いいろいろな人と触れ合い、自分の感情や意志を表現しながら共に楽しみ、共感し合う体験を通して、これらの人々などに親しみをもち、人と関わることの楽しさや人の役に立つ喜びを味わうことができるようにすること。また、生活を通して親や祖父母などの家族の愛情に気付き、家族を大切にしようとする気持ちが育つようにすること。

ウ 環境

周囲の様々な環境に好奇心や探究心をもって関わり、それらを生活に取り入れていこうとする力を養う。

(ア) ねらい

① 身近な環境に親しみ、自然と触れ合う中で様々な事象に興味や関心をもつ。

② 身近な環境に自分から関わり、発見を楽しんだり、考えたりし、それを生活に取り入れようとする。

③ 身近な事象を見たり、考えたり、扱ったりする中で、物の性質や数量、文字などに対する感覚を豊かにする。

(イ) 内容

① 自然に触れて生活し、その大きさ、美しさ、不思議さなどに気付く。

② 生活の中で、様々な物に触れ、その性質や仕組みに興味や関心をもつ。

③ 季節により自然や人間の生活に変化のあることに気付く。

④ 自然などの身近な事象に関心をもち、取り入れて遊ぶ。

⑤ 身近な動植物に親しみをもって接し、生命の尊さに気付き、いたわったり、大切にしたりする。

⑥ 日常生活の中で、我が国や地域社会における様々な文化や伝統に親しむ。

⑦ 身近な物を大切にする。

⑧ 身近な物や遊具に興味をもって関わり、自分なりに比べたり、関連付けたりしながら考えたり、試したりして工夫して遊ぶ。

⑨　日常生活の中で数量や図形などに関心をもつ。

⑩　日常生活の中で簡単な標識や文字などに関心をもつ。

⑪　生活に関係の深い情報や施設などに興味や関心をもつ。

⑫　保育所内外の行事において国旗に親しむ。

(ウ) 内容の取扱い

上記の取扱いに当たっては、次の事項に留意する必要がある。

①　子どもが、遊びの中で周囲の環境と関わり、次第に周囲の世界に好奇心を抱き、その意味や操作の仕方に関心をもち、物事の法則性に気付き、自分なりに考えることができるようになる過程を大切にすること。また、他の子どもの考えなどに触れて新しい考えを生み出す喜びや楽しさを味わい、自分の考えをよりよいものにしようとする気持ちが育つようにすること。

②　幼児期において自然のもつ意味は大きく、自然の大きさ、美しさ、不思議さなどに直接触れる体験を通して、子どもの心が安らぎ、豊かな感情、好奇心、思考力、表現力の基礎が培われることを踏まえ、子どもが自然との関わりを深めることができるよう工夫すること。

③　身近な事象や動植物に対する感動を伝え合い、共感し合うことなどを通して自分から関わろうとする意欲を育てるとともに、様々な関わり方を通してそれらに対する親しみや畏敬の念、生命を大切にする気持ち、公共心、探究心などが養われるようにすること。

④　文化や伝統に親しむ際には、正月や節句など我が国の伝統的な行事、国歌、唱歌、わらべうたや我が国の伝統的な遊びに親しんだり、異なる文化に触れる活動に親しんだりすることを通じて、社会とのつながりの意識や国際理解の意識の芽生えなどが養われるようにすること。

⑤　数量や文字などに関しては、日常生活の中で子ども自身の必要感に基づく体験を大切にし、数量や文字などに関する興味や関心、感覚が養われるようにすること。

エ　言葉

経験したことや考えたことなどを自分なりの言葉で表現し、相手の話す言葉を聞こうとする意欲や態度を育て、言葉に対する感覚や言葉で表現する力を養う。

(ア) ねらい

①　自分の気持ちを言葉で表現する楽しさを味わう。

②　人の言葉や話などをよく聞き、自分の経験したことや考えたことを話し、伝え合う喜びを味わう。

③　日常生活に必要な言葉が分かるようになるとともに、絵本や物語などに親しみ、言葉に対する感覚を豊かにし、保育士等や友達と心を通わせる。

(イ) 内容

①　保育士等や友達の言葉や話に興味や関心をもち、親しみをもって聞いたり、話したりする。

②　したり、見たり、聞いたり、感じたり、考えたりなどしたことを自分なりに言葉で表現する。

③ したいこと、してほしいことを言葉で表現したり、分からないことを尋ねたりする。
④ 人の話を注意して聞き、相手に分かるように話す。
⑤ 生活の中で必要な言葉が分かり、使う。
⑥ 親しみをもって日常の挨拶をする。
⑦ 生活の中で言葉の楽しさや美しさに気付く。
⑧ いろいろな体験を通じてイメージや言葉を豊かにする。
⑨ 絵本や物語などに親しみ、興味をもって聞き、想像をする楽しさを味わう。
⑩ 日常生活の中で、文字などで伝える楽しさを味わう。

(ウ) 内容の取扱い

上記の取扱いに当たっては、次の事項に留意する必要がある。

① 言葉は、身近な人に親しみをもって接し、自分の感情や意志などを伝え、それに相手が応答し、その言葉を聞くことを通して次第に獲得されていくものであることを考慮して、子どもが保育士等や他の子どもと関わることにより心を動かされるような体験をし、言葉を交わす喜びを味わえるようにすること。
② 子どもが自分の思いを言葉で伝えるとともに、保育士等や他の子どもなどの話を興味をもって注意して聞くことを通して次第に話を理解するようになっていき、言葉による伝え合いができるようにすること。
③ 絵本や物語などで、その内容と自分の経験とを結び付けたり、想像を巡らせたりするなど、楽しみを十分に味わうことによって、次第に豊かなイメージをもち、言葉に対する感覚が養われるようにすること。
④ 子どもが生活の中で、言葉の響きやリズム、新しい言葉や表現などに触れ、これらを使う楽しさを味わえるようにすること。その際、絵本や物語に親しんだり、言葉遊びなどをしたりすることを通して、言葉が豊かになるようにすること。
⑤ 子どもが日常生活の中で、文字などを使いながら思ったことや考えたことを伝える喜びや楽しさを味わい、文字に対する興味や関心をもつようにすること。

オ　表現

感じたことや考えたことを自分なりに表現することを通して、豊かな感性や表現する力を養い、創造性を豊かにする。

(ア) ねらい

① いろいろなものの美しさなどに対する豊かな感性をもつ。
② 感じたことや考えたことを自分なりに表現して楽しむ。
③ 生活の中でイメージを豊かにし、様々な表現を楽しむ。

(イ) 内容

① 生活の中で様々な音、形、色、手触り、動きなどに気付いたり、感じたりするなどして楽しむ。
② 生活の中で美しいものや心を動かす出来事に触れ、イメージを豊かにする。
③ 様々な出来事の中で、感動したことを伝え合う楽しさを味わう。
④ 感じたこと、考えたことなどを音や動きなどで表現したり、自由にかいたり、つくったりなどする。

⑤　いろいろな素材に親しみ、工夫して遊ぶ。

⑥　音楽に親しみ、歌を歌ったり、簡単なリズム楽器を使ったりなどする楽しさを味わう。

⑦　かいたり、つくったりすることを楽しみ、遊びに使ったり、飾ったりなどする。

⑧　自分のイメージを動きや言葉などで表現したり、演じて遊んだりするなどの楽しさを味わう。

(ウ) 内容の取扱い

上記の取扱いに当たっては、次の事項に留意する必要がある。

①　豊かな感性は、身近な環境と十分に関わる中で美しいもの、優れたもの、心を動かす出来事などに出会い、そこから得た感動を他の子どもや保育士等と共有し、様々に表現することなどを通して養われるようにすること。その際、風の音や雨の音、身近にある草や花の形や色など自然の中にある音、形、色などに気付くようにすること。

②　子どもの自己表現は素朴な形で行われることが多いので、保育士等はそのような表現を受容し、子ども自身の表現しようとする意欲を受け止めて、子どもが生活の中で子どもらしい様々な表現を楽しむことができるようにすること。

③　生活経験や発達に応じ、自ら様々な表現を楽しみ、表現する意欲を十分に発揮させることができるように、遊具や用具などを整えたり、様々な素材や表現の仕方に親しんだり、他の子どもの表現に触れられるよう配慮したりし、表現する過程を大切にして自己表現を楽しめるように工夫すること。

(3) 保育の実施に関わる配慮事項

ア　第1章の4の(2)に示す「幼児期の終わりまでに育ってほしい姿」が、ねらい及び内容に基づく活動全体を通して資質・能力が育まれている子どもの小学校就学時の具体的な姿であることを踏まえ、指導を行う際には適宜考慮すること。

イ　子どもの発達や成長の援助をねらいとした活動の時間については、意識的に保育の計画等において位置付けて、実施することが重要であること。なお、そのような活動の時間については、保護者の就労状況等に応じて子どもが保育所で過ごす時間がそれぞれ異なることに留意して設定すること。

ウ　特に必要な場合には、各領域に示すねらいの趣旨に基づいて、具体的な内容を工夫し、それを加えても差し支えないが、その場合には、それが第1章の1に示す保育所保育に関する基本原則を逸脱しないよう慎重に配慮する必要があること。

4　保育の実施に関して留意すべき事項

(1) 保育全般に関わる配慮事項

ア　子どもの心身の発達及び活動の実態などの個人差を踏まえるとともに、一人一人の子どもの気持ちを受け止め、援助すること。

イ　子どもの健康は、生理的・身体的な育ちとともに、自主性や社会性、豊かな感性の育ちとがあいまってもたらされることに留意すること。

ウ　子どもが自ら周囲に働きかけ、試行錯誤しつつ自分の力で行う活動を見守りながら、適切に援助すること。

エ　子どもの入所時の保育に当たっては、できるだけ個別的に対応し、子どもが安定感を得て、次第に保育所の生活になじんでいくようにするとともに、既に入所している子どもに不安や動揺を与えないようにすること。

オ　子どもの国籍や文化の違いを認め、互いに尊重する心を育てるようにすること。

カ　子どもの性差や個人差にも留意しつつ、性別などによる固定的な意識を植え付けることがないようにすること。

(2) 小学校との連携

ア　保育所においては、保育所保育が、小学校以降の生活や学習の基盤の育成につながることに配慮し、幼児期にふさわしい生活を通じて、創造的な思考や主体的な生活態度などの基礎を培うようにすること。

イ　保育所保育において育まれた資質・能力を踏まえ、小学校教育が円滑に行われるよう、小学校教師との意見交換や合同の研究の機会などを設け、第１章の４の(2)に示す「幼児期の終わりまでに育って欲しい姿」を共有するなど連携を図り、保育所保育と小学校教育との円滑な接続を図るよう努めること。

ウ　子どもに関する情報共有に関して、保育所に入所している子どもの就学に際し、市町村の支援の下に、子どもの育ちを支えるための資料が保育所から小学校へ送付されるようにすること。

(3) 家庭及び地域社会との連携

子どもの生活の連続性を踏まえ、家庭及び地域社会と連携して保育が展開されるよう配慮すること。その際、家庭や地域の機関及び団体の協力を得て、地域の自然、高齢者や異年齢の子ども等を含む人材、行事、施設等の地域の資源を積極的に活用し、豊かな生活体験をはじめ保育内容の充実が図られるよう配慮すること。

第3章　健康及び安全

保育所保育において、子どもの健康及び安全の確保は、子どもの生命の保持と健やかな生活の基本であり、一人一人の子どもの健康の保持及び増進並びに安全の確保とともに、保育所全体における健康及び安全の確保に努めることが重要となる。

また、子どもが、自らの体や健康に関心をもち、心身の機能を高めていくことが大切である。

このため、第１章及び第２章等の関連する事項に留意し、次に示す事項を踏まえ、保育を行うこととする。

1　子どもの健康支援

(1) 子どもの健康状態並びに発育及び発達状態の把握

ア　子どもの心身の状態に応じて保育するために、子どもの健康状態並びに発育及び発達状態について、定期的・継続的に、また、必要に応じて随時、把握すること。

イ　保護者からの情報とともに、登所時及び保育中を通じて子どもの状態を観察し、何らかの疾病が疑われる状態や傷害が認められた場合には、保護者に連絡するとともに、嘱託医と相談するなど適切な対応を図ること。看護師等が配置されている場合には、その専門性を生かした対応を図ること。

ウ　子どもの心身の状態等を観察し、不適切な養育の兆候が見られる場合には、市町村や関係機関と連携し、児童福祉法第25条に基づき、適切な対応を図ること。また、虐待が疑われる場合には、速やかに市町村又は児童相談所に通告し、適切な対応を図ること。

(2) 健康増進

ア　子どもの健康に関する保健計画を全体的な計画に基づいて作成し、全職員がそのねらいや内容を踏まえ、一人一人の子どもの健康の保持及び増進に努めていくこと。

イ　子どもの心身の健康状態や疾病等の把握のために、嘱託医等により定期的に健康診断を行い、その結果を記録し、保育に活用するとともに、保護者が子どもの状態を理解し、日常生活に活用できるようにすること。

(3) 疾病等への対応

ア　保育中に体調不良や傷害が発生した場合には、その子どもの状態等に応じて、保護者に連絡するとともに、適宜、嘱託医や子どものかかりつけ医等と相談し、適切な処置を行うこと。看護師等が配置されている場合には、その専門性を生かした対応を図ること。

イ　感染症やその他の疾病の発生予防に努め、その発生や疑いがある場合には、必要に応じて嘱託医、市町村、保健所等に連絡し、その指示に従うとともに、保護者や全職員に連絡し、予防等について協力を求めること。また、感染症に関する保育所の対応方法等について、あらかじめ関係機関の協力を得ておくこと。看護師等が配置されている場合には、その専門性を生かした対応を図ること。

ウ　アレルギー疾患を有する子どもの保育については、保護者と連携し、医師の診断及び指示に基づき、適切な対応を行うこと。また、食物アレルギーに関して、関係機関と連携して、当該保育所の体制構築など、安全な環境の整備を行うこと。看護師や栄養士等が配置されている場合には、その専門性を生かした対応を図ること。

エ　子どもの疾病等の事態に備え、医務室等の環境を整え、救急用の薬品、材料等を適切な管理の下に常備し、全職員が対応できるようにしておくこと。

2　食育の推進

(1) 保育所の特性を生かした食育

ア　保育所における食育は、健康な生活の基本としての「食を営む力」の育成に向け、その基礎を培うことを目標とすること。

イ　子どもが生活と遊びの中で、意欲をもって食に関わる体験を積み重ね、食べることを楽しみ、食事を楽しみ合う子どもに成長していくことを期待するものであること。

ウ　乳幼児期にふさわしい食生活が展開され、適切な援助が行われるよう、食事の提供を含む食育計画を全体的な計画に基づいて作成し、その評価及び改善に努めること。栄養士が配置されている場合は、専門性を生かした対応を図ること。

(2) 食育の環境の整備等

ア　子どもが自らの感覚や体験を通して、自然の恵みとしての食材や食の循環・環境への意識、調理する人への感謝の気持ちが育つように、子どもと調理員等との関わりや、調理室など食に関わる保育環境に配慮すること。

イ　保護者や地域の多様な関係者との連携及び協働の下で、食に関する取組が進められること。また、市町村の支援の下に、地域の関係機関等との日常的な連携を図り、必要な協力が得られるよう努めること。

ウ　体調不良、食物アレルギー、障害のある子どもなど、一人一人の子どもの心身の状態等に応じ、嘱託医、かかりつけ医等の指示や協力の下に適切に対応すること。栄養士が配置されている場合は、専門性を生かした対応を図ること。

3　環境及び衛生管理並びに安全管理

(1) 環境及び衛生管理

ア　施設の温度、湿度、換気、採光、音などの環境を常に適切な状態に保持するとともに、施設内外の設備及び用具等の衛生管理に努めること。

イ　施設内外の適切な環境の維持に努めるとともに、子ども及び全職員が清潔を保つようにすること。また、職員は衛生知識の向上に努めること。

(2) 事故防止及び安全対策

ア　保育中の事故防止のために、子どもの心身の状態等を踏まえつつ、施設内外の安全点検に努め、安全対策のために全職員の共通理解や体制づくりを図るとともに、家庭や地域の関係機関の協力の下に安全指導を行うこと。

イ　事故防止の取組を行う際には、特に、睡眠中、プール活動・水遊び中、食事中等の場面では重大事故が発生しやすいことを踏まえ、子どもの主体的な活動を大切にしつつ、施設内外の環境の配慮や指導の工夫を行うなど、必要な対策を講じること。

ウ　保育中の事故の発生に備え、施設内外の危険箇所の点検や訓練を実施するとともに、外部からの不審者等の侵入防止のための措置や訓練など不測の事態に備えて必要な対応を行うこと。また、子どもの精神保健面における対応に留意すること。

4　災害への備え

(1) 施設・設備等の安全確保

ア　防火設備、避難経路等の安全性が確保されるよう、定期的にこれらの安全点検を行うこと。

イ　備品、遊具等の配置、保管を適切に行い、日頃から、安全環境の整備に努めること。

(2) 災害発生時の対応体制及び避難への備え

ア　火災や地震などの災害の発生に備え、緊急時の対応の具体的内容及び手順、職員の役割分担、避難訓練計画等に関するマニュアルを作成すること。

イ　定期的に避難訓練を実施するなど、必要な対応を図ること。

ウ　災害の発生時に、保護者等への連絡及び子どもの引渡しを円滑に行うため、日頃から保護者との密接な連携に努め、連絡体制や引渡し方法等について確認をしておくこと。

(3) 地域の関係機関等との連携

ア　市町村の支援の下に、地域の関係機関との日常的な連携を図り、必要な協力が得られるよう努めること。

イ　避難訓練については、地域の関係機関や保護者との連携の下に行うなど工夫すること。

第4章　子育て支援

保育所における保護者に対する子育て支援は、全ての子どもの健やかな育ちを実現することができるよう、第１章及び第２章等の関連する事項を踏まえ、子どもの育ちを家庭と連携して支援していくとともに、保護者及び地域が有する子育てを自ら実践する力の向上に資するよう、次の事項に留意するものとする。

1　保育所における子育て支援に関する基本的事項

(1)　保育所の特性を生かした子育て支援

ア　保護者に対する子育て支援を行う際には、各地域や家庭の実態等を踏まえるとともに、保護者の気持ちを受け止め、相互の信頼関係を基本に、保護者の自己決定を尊重すること。

イ　保育及び子育てに関する知識や技術など、保育士等の専門性や、子どもが常に存在する環境など、保育所の特性を生かし、保護者が子どもの成長に気付き子育ての喜びを感じられるように努めること。

(2)　子育て支援に関して留意すべき事項

ア　保護者に対する子育て支援における地域の関係機関等との連携及び協働を図り、保育所全体の体制構築に努めること。

イ　子どもの利益に反しない限りにおいて、保護者や子どものプライバシーを保護し、知り得た事柄の秘密を保持すること。

2　保育所を利用している保護者に対する子育て支援

(1)　保護者との相互理解

ア　日常の保育に関連した様々な機会を活用し子どもの日々の様子の伝達や収集、保育所保育の意図の説明などを通じて、保護者との相互理解を図るよう努めること。

イ　保育の活動に対する保護者の積極的な参加は、保護者の子育てを自ら実践する力の向上に寄与することから、これを促すこと。

(2)　保護者の状況に配慮した個別の支援

ア　保護者の就労と子育ての両立等を支援するため、保護者の多様化した保育の需要に応じ、病児保育事業など多様な事業を実施する場合には、保護者の状況に配慮するとともに、子どもの福祉が尊重されるよう努め、子どもの生活の連続性を考慮すること。

イ　子どもに障害や発達上の課題が見られる場合には、市町村や関係機関と連携及び協力を図りつつ、保護者に対する個別の支援を行うよう努めること。

ウ　外国籍家庭など、特別な配慮を必要とする家庭の場合には、状況等に応じて個別の支援を行うよう努めること。

(3)　不適切な養育等が疑われる家庭への支援

ア　保護者に育児不安等が見られる場合には、保護者の希望に応じて個別の支援を行うよう努めること。

イ　保護者に不適切な養育等が疑われる場合には、市町村や関係機関と連携し、要保護児童対策地域協議会で検討するなど適切な対応を図ること。また、虐待が疑われる場合には、速やかに市町村又は児童相談所に通告し、適切な対応を図ること。

3 地域の保護者等に対する子育て支援

(1) 地域に開かれた子育て支援

ア 保育所は、児童福祉法第48条の４の規定に基づき、その行う保育に支障がない限りにおいて、地域の実情や当該保育所の体制等を踏まえ、地域の保護者等に対して、保育所保育の専門性を生かした子育て支援を積極的に行うよう努めること。

イ 地域の子どもに対する一時預かり事業などの活動を行う際には、一人一人の子どもの心身の状態などを考慮するとともに、日常の保育との関連に配慮するなど、柔軟に活動を展開できるようにすること。

(2) 地域の関係機関等との連携

ア 市町村の支援を得て、地域の関係機関等との積極的な連携及び協働を図るとともに、子育て支援に関する地域の人材と積極的に連携を図るよう努めること。

イ 地域の要保護児童への対応など、地域の子どもを巡る諸課題に対し、要保護児童対策地域協議会など関係機関等と連携及び協力して取り組むよう努めること。

第5章 職員の資質向上

第１章から前章までに示された事項を踏まえ、保育所は、質の高い保育を展開するため、絶えず、一人一人の職員についての資質向上及び職員全体の専門性の向上を図るよう努めなければならない。

1 職員の資質向上に関する基本的事項

(1) 保育所職員に求められる専門性

子どもの最善の利益を考慮し、人権に配慮した保育を行うためには、職員一人一人の倫理観、人間性並びに保育所職員としての職務及び責任の理解と自覚が基盤となる。

各職員は、自己評価に基づく課題等を踏まえ、保育所内外の研修等を通じて、保育士・看護師・調理員・栄養士等、それぞれの職務内容に応じた専門性を高めるため、必要な知識及び技術の修得、維持及び向上に努めなければならない。

(2) 保育の質の向上に向けた組織的な取組

保育所においては、保育の内容等に関する自己評価等を通じて把握した、保育の質の向上に向けた課題に組織的に対応するため、保育内容の改善や保育士等の役割分担の見直し等に取り組むとともに、それぞれの職位や職務内容等に応じて、各職員が必要な知識及び技能を身につけられるよう努めなければならない。

2 施設長の責務

(1) 施設長の責務と専門性の向上

施設長は、保育所の役割や社会的責任を遂行するために、法令等を遵守し、保育所を取り巻く社会情勢等を踏まえ、施設長としての専門性等の向上に努め、当該保育所における保育の質及び職員の専門性向上のために必要な環境の確保に努めなければならない。

(2) 職員の研修機会の確保等

施設長は、保育所の全体的な計画や、各職員の研修の必要性等を踏まえて、体系的・計画的な研修機会を確保するとともに、職員の勤務体制の工夫等により、職員が計画的に研修等に参加し、その専門性の向上が図られるよう努めなければならない。

3 職員の研修等

(1) 職場における研修

職員が日々の保育実践を通じて、必要な知識及び技術の修得、維持及び向上を図るとともに、保育の課題等への共通理解や協働性を高め、保育所全体としての保育の質の向上を図っていくためには、日常的に職員同士が主体的に学び合う姿勢と環境が重要であり、職場内での研修の充実が図られなければならない。

(2) 外部研修の活用

各保育所における保育の課題への的確な対応や、保育士等の専門性の向上を図るためには、職場内での研修に加え、関係機関等による研修の活用が有効であることから、必要に応じて、こうした外部研修への参加機会が確保されるよう努めなければならない。

4 研修の実施体制等

(1) 体系的な研修計画の作成

保育所においては、当該保育所における保育の課題や各職員のキャリアパス等も見据えて、初任者から管理職員までの職位や職務内容等を踏まえた体系的な研修計画を作成しなければならない。

(2) 組織内での研修成果の活用

外部研修に参加する職員は、自らの専門性の向上を図るとともに、保育所における保育の課題を理解し、その解決を実践できる力を身に付けることが重要である。また、研修で得た知識及び技能を他の職員と共有することにより、保育所全体としての保育実践の質及び専門性の向上につなげていくことが求められる。

(3) 研修の実施に関する留意事項

施設長等は保育所全体としての保育実践の質及び専門性の向上のために、研修の受講は特定の職員に偏ることなく行われるよう、配慮する必要がある。また、研修を修了した職員については、その職務内容等において、当該研修の成果等が適切に勘案されることが望ましい。

幼保連携型認定こども園 教育・保育要領

平成29年3月告示
内閣府・文部科学省・厚生労働省

　内　閣　府
○文部科学省告示第一号
　厚生労働省

　就学前の子どもに関する教育、保育等の総合的な提供の推進に関する法律(平成十八年法律第七十七号)第十条第一項の規定に基づき、幼保連携型認定こども園の教育課程その他の教育及び保育の内容に関する事項を次のように定めたので、

　　　　内　閣　府
平成二十六年文部科学省告示第一号の全部を次のように改正し、平成三十年四月
　　　　厚生労働省
一日から施行する。

　平成二十九年三月三十一日

内閣総理大臣　安倍　晋三
文部科学大臣　松野　博一
厚生労働大臣　塩崎　恭久

●幼保連携型認定こども園教育・保育要領　目次

第1章　総 則

第1　幼保連携型認定こども園における教育及び保育の基本及び目標等

1　幼保連携型認定こども園における教育及び保育の基本

乳幼児期の教育及び保育は、子どもの健全な心身の発達を図りつつ生涯にわたる人格形成の基礎を培う重要なものであり、幼保連携型認定こども園における教育及び保育は、就学前の子どもに関する教育、保育等の総合的な提供の推進に関する法律(平成18年法律第77号。以下「認定こども園法」という。)第2条第7項に規定する目的及び第9条に掲げる目標を達成するため、乳幼児期全体を通して、その特性及び保護者や地域の実態を踏まえ、環境を通して行うものであることを基本とし、家庭や地域での生活を含めた園児の生活全体が豊かなものとなるように努めなければならない。

このため保育教諭等は、園児との信頼関係を十分に築き、園児が自ら安心して身近な環境に主体的に関わり、環境との関わり方や意味に気付き、これらを取り込もうとして、試行錯誤したり、考えたりするようになる幼児期の教育における見方・考え方を生かし、その活動が豊かに展開されるよう環境を整え、園児と共によりよい教育及び保育の環境を創造するように努めるものとする。これらを踏まえ、次に示す事項を重視して教育及び保育を行わなければならない。

(1) 乳幼児期は周囲への依存を基盤にしつつ自立に向かうものであることを考慮して、周囲との信頼関係に支えられた生活の中で、園児一人一人が安心感と信頼感をもっていろいろな活動に取り組む体験を十分に積み重ねられるようにすること。

(2) 乳幼児期においては生命の保持が図られ安定した情緒の下で自己を十分に発揮することにより発達に必要な体験を得ていくものであることを考慮して、園児の主体的な活動を促し、乳幼児期にふさわしい生活が展開されるようにすること。

(3) 乳幼児期における自発的な活動としての遊びは、心身の調和のとれた発達の基礎を培う重要な学習であることを考慮して、遊びを通しての指導を中心として第2章に示すねらいが総合的に達成されるようにすること。

(4) 乳幼児期における発達は、心身の諸側面が相互に関連し合い、多様な経過をたどって成し遂げられていくものであること、また、園児の生活経験がそれぞれ異なることなどを考慮して、園児一人一人の特性や発達の過程に応じ、発達の課題に即した指導を行うようにすること。

その際、保育教諭等は、園児の主体的な活動が確保されるよう、園児一人一人の行動の理解と予想に基づき、計画的に環境を構成しなければならない。この場合において、保育教諭等は、園児と人やものとの関わりが重要であることを踏まえ、教材を工夫し、物的・空間的環境を構成しなければならない。また、園児一人一人の活動の場面に応じて、様々な役割を果たし、その活動を豊かにしなければならない。

なお、幼保連携型認定こども園における教育及び保育は、園児が入園してから修了するまでの在園期間全体を通して行われるものであり、この章の第3に示す幼保連携型認定こども園として特に配慮すべき事項を十分に踏まえて行うものとする。

2　幼保連携型認定こども園における教育及び保育の目標

幼保連携型認定こども園は、家庭との連携を図りながら、この章の第1の1に示す幼保連携型認定こども園における教育及び保育の基本に基づいて一体的に展開される幼保連携型認定こども園における生活を通して、生きる力の基礎を育成するよう認定こども園法第9条に規定する幼保連携型認定こども園の教育及び保育の目標の達成に努めなければならない。幼保連携型認定こども園は、このことにより、義務教育及びその後の教育の基礎を培うとともに、子どもの最善の利益を考慮しつつ、その生活を保障し、保護者と共に園児を心身ともに健やかに育成するものとする。

なお、認定こども園法第9条に規定する幼保連携型認定こども園の教育及び保育の目標については、発達や学びの連続性及び生活の連続性の観点から、小学校就学の始期に達するまでの時期を通じ、その達成に向けて努力すべき目当てとなるものであることから、満3歳未満の園児の保育にも当てはまることに留意するものとする。

3　幼保連携型認定こども園の教育及び保育において育みたい資質・能力及び「幼児期の終わりまでに育ってほしい姿」

(1) 幼保連携型認定こども園においては、生きる力の基礎を育むため、この章の1に示す幼保連携型認定こども園の教育及び保育の基本を踏まえ、次に掲げる資質・能力を一体的に育むよう努めるものとする。

ア　豊かな体験を通じて、感じたり、気付いたり、分かったり、できるようになったりする「知識及び技能の基礎」

イ　気付いたことや、できるようになったことなどを使い、考えたり、試したり、工夫したり、表現したりする「思考力、判断力、表現力等の基礎」

ウ　心情、意欲、態度が育つ中で、よりよい生活を営もうとする「学びに向かう力、人間性等」

(2) (1)に示す資質・能力は、第2章に示すねらい及び内容に基づく活動全体によって育むものである。

(3) 次に示す「幼児期の終わりまでに育ってほしい姿」は、第2章に示すねらい及び内容に基づく活動全体を通して資質・能力が育まれている園児の幼保連携型認定こども園修了時の具体的な姿であり、保育教諭等が指導を行う際に考慮するものである。

ア　健康な心と体

幼保連携型認定こども園における生活の中で、充実感をもって自分のやりたいことに向かって心と体を十分に働かせ、見通しをもって行動し、自ら健康で安全な生活をつくり出すようになる。

イ　自立心

身近な環境に主体的に関わり様々な活動を楽しむ中で、しなければならないことを自覚し、自分の力で行うために考えたり、工夫したりしながら、諦めずにやり遂げることで達成感を味わい、自信をもって行動するようになる。

ウ　協同性

友達と関わる中で、互いの思いや考えなどを共有し、共通の目的の実現に向けて、考えたり、工夫したり、協力したりし、充実感をもってやり遂げるようになる。

エ　道徳性・規範意識の芽生え

友達と様々な体験を重ねる中で、してよいことや悪いことが分かり、自分の行動を振り返ったり、友達の気持ちに共感したりし、相手の立場に立って行動するようになる。また、きまりを守る必要性が分かり、自分の気持ちを調整し、友達と折り合いを付けながら、きまりをつくったり、守ったりするようになる。

オ　社会生活との関わり

家族を大切にしようとする気持ちをもつとともに、地域の身近な人と触れ合う中で、人との様々な関わり方に気付き、相手の気持ちを考えて関わり、自分が役に立つ喜びを感じ、地域に親しみをもつようになる。また、幼保連携型認定こども園内外の様々な環境に関わる中で、遊びや生活に必要な情報を取り入れ、情報に基づき判断したり、情報を伝え合ったり、活用したりするなど、情報を役立てながら活動するようになるとともに、公共の施設を大切に利用するなどして、社会とのつながりなどを意識するようになる。

カ　思考力の芽生え

身近な事象に積極的に関わる中で、物の性質や仕組みなどを感じ取ったり、気付いたりし、考えたり、予想したり、工夫したりするなど、多様な関わりを楽しむようになる。また、友達の様々な考えに触れる中で、自分と異なる考えがあることに気付き、自ら判断したり、考え直したりするなど、新しい考えを生み出す喜びを味わいながら、自分の考えをよりよいものにするようになる。

キ　自然との関わり・生命尊重

自然に触れて感動する体験を通して、自然の変化などを感じ取り、好奇心や探究心をもって考え言葉などで表現しながら、身近な事象への関心が高まるとともに、自然への愛情や畏敬の念をもつようになる。また、身近な動植物に心を動かされる中で、生命の不思議さや尊さに気付き、身近な動植物への接し方を考え、命あるものとしていたわり、大切にする気持ちをもって関わるようになる。

ク　数量や図形、標識や文字などへの関心・感覚

遊びや生活の中で、数量や図形、標識や文字などに親しむ体験を重ねたり、標識や文字の役割に気付いたりし、自らの必要感に基づきこれらを活用し、興味や関心、感覚をもつようになる。

ケ　言葉による伝え合い

保育教諭等や友達と心を通わせる中で、絵本や物語などに親しみながら、豊かな言葉や表現を身に付け、経験したことや考えたことなどを言葉で伝えたり、相手の話を注意して聞いたりし、言葉による伝え合いを楽しむようになる。

コ　豊かな感性と表現

心を動かす出来事などに触れ感性を働かせる中で、様々な素材の特徴や表現の仕方などに気付き、感じたことや考えたことを自分で表現したり、友達同士で表現する過程を楽しんだりし、表現する喜びを味わい、意欲をもつようになる。

第2　教育及び保育の内容並びに子育ての支援等に関する全体的な計画等

1　教育及び保育の内容並びに子育ての支援等に関する全体的な計画の作成等

(1)　教育及び保育の内容並びに子育ての支援等に関する全体的な計画の役割

各幼保連携型認定こども園においては、教育基本法(平成18年法律第120号)、児童福祉法(昭和22年法律第164号)及び認定こども園法その他の法令並びにこの幼保連携型認定こども園教育・保育要領の示すところに従い、教育と保育を一体的に提供するため、創意工夫を生かし、園児の心身の発達と幼保連携型認定こども園、家庭及び地域の実態に即応した適切な教育及び保育の内容並びに子育ての支援等に関する全体的な計画を作成するものとする。

教育及び保育の内容並びに子育ての支援等に関する全体的な計画とは、教育と保育を一体的に捉え、園児の入園から修了までの在園期間の全体にわたり、幼保連携型認定こども園の目標に向かってどのような過程をたどって教育及び保育を進めていくかを明らかにするものであり、子育ての支援と有機的に連携し、園児の園生活全体を捉え、作成する計画である。

各幼保連携型認定こども園においては、「幼児期の終わりまでに育ってほしい姿」を踏まえ教育及び保育の内容並びに子育ての支援等に関する全体的な計画を作成すること、その実施状況を評価して改善を図っていくこと、また実施に必要な人的又は物的な体制を確保するとともにその改善を図っていくことなどを通して、教育及び保育の内容並びに子育ての支援等に関する全体的な計画に基づき組織的かつ計画的に各幼保連携型認定こども園の教育及び保育活動の質の向上を図っていくこと(以下「カリキュラム・マネジメント」という。)に努めるものとする。

(2) 各幼保連携型認定こども園の教育及び保育の目標と教育及び保育の内容並びに子育ての支援等に関する全体的な計画の作成

教育及び保育の内容並びに子育ての支援等に関する全体的な計画の作成に当たっては、幼保連携型認定こども園の教育及び保育において育みたい資質・能力を踏まえつつ、各幼保連携型認定こども園の教育及び保育の目標を明確にするとともに、教育及び保育の内容並びに子育ての支援等に関する全体的な計画の作成についての基本的な方針が家庭や地域とも共有されるよう努めるものとする。

(3) 教育及び保育の内容並びに子育ての支援等に関する全体的な計画の作成上の基本的事項

ア　幼保連携型認定こども園における生活の全体を通して第２章に示すねらいが総合的に達成されるよう、教育課程に係る教育期間や園児の生活経験や発達の過程などを考慮して具体的なねらいと内容を組織するものとする。この場合においては、特に、自我が芽生え、他者の存在を意識し、自己を抑制しようとする気持ちが生まれるなどの乳幼児期の発達の特性を踏まえ、入園から修了に至るまでの長期的な視野をもって充実した生活が展開できるように配慮するものとする。

イ　幼保連携型認定こども園の満３歳以上の園児の教育課程に係る教育週数は、特別の事情のある場合を除き、39週を下ってはならない。

ウ　幼保連携型認定こども園の１日の教育課程に係る教育時間は、４時間を標準とする。ただし、園児の心身の発達の程度や季節などに適切に配慮するものとする。

エ　幼保連携型認定こども園の保育を必要とする子どもに該当する園児に対する教育及び保育の時間(満３歳以上の保育を必要とする子どもに該当する園児については、この章の第２の１の(3)ウに規定する教育時間を含む。)は、１日につき８時間を原則とし、園長がこれを定める。ただし、その地方における園児の保護者の労働時間その他家庭の状況等を考慮するものとする。

(4) 教育及び保育の内容並びに子育ての支援等に関する全体的な計画の実施上の留意事項

各幼保連携型認定こども園においては、園長の方針の下に、園務分掌に基づき保育教諭等職員が適切に役割を分担しつつ、相互に連携しながら、教育及び保育の内容並びに子育ての支援等に関する全体的な計画や指導の改善を図るものとする。また、各幼保連携型認定こども園が行う教育及び保育等に係る評価については、教育及び保育の内容並びに子育ての支援等に関する全体的な計画の作成、実施、改善が教育及び保育活動や園運営の中核となることを踏まえ、カリキュラム・マネジメントと関連付けながら実施するよう留意するものとする。

(5) 小学校教育との接続に当たっての留意事項

ア　幼保連携型認定こども園においては、その教育及び保育が、小学校以降の生活や学習の基盤の育成につながることに配慮し、乳幼児期にふさわしい生活を通して、創造的な思考や主体的な生活態度などの基礎を培うようにするものとする。

イ　幼保連携型認定こども園の教育及び保育において育まれた資質・能力を踏まえ、小学校教育が円滑に行われるよう、小学校の教師との意見交換や合同の研究の機会などを設け、「幼児期の終わりまでに育ってほしい姿」を共有するなど連携を図り、幼保連携型認定こども園における教育及び保育と小学校教育との円滑な接続を図るよう努めるものとする。

2　指導計画の作成と園児の理解に基づいた評価

(1) 指導計画の考え方

幼保連携型認定こども園における教育及び保育は、園児が自ら意欲をもって環境と関わることによりつくり出される具体的な活動を通して、その目標の達成を図るものである。

幼保連携型認定こども園においてはこのことを踏まえ、乳幼時期にふさわしい生活が展開され、適切な指導が行われるよう、調和のとれた組織的、発展的な指導計画を作成し、園児の活動に沿った柔軟な指導を行わなければならない。

(2) 指導計画の作成上の基本的事項

ア　指導計画は、園児の発達に即して園児一人一人が乳幼児期にふさわしい生活を展開し、必要な体験を得られるようにするために、具体的に作成するものとする。

イ　指導計画の作成に当たっては、次に示すところにより、具体的なねらい及び内容を明確に設定し、適切な環境を構成することなどにより活動が選択・展開されるようにするものとする。

(ア) 具体的なねらい及び内容は、幼保連携型認定こども園の生活における園児の発達の過程を見通し、園児の生活の連続性、季節の変化などを考慮して、園児の興味や関心、発達の実情などに応じて設定すること。

(イ) 環境は、具体的なねらいを達成するために適切なものとなるように構成し、園児が自らその環境に関わることにより様々な活動を展開しつつ必要な体験を得られるようにすること。その際、園児の生活する姿や発想を大切にし、常にその環境が適切なものとなるようにすること。

(ウ) 園児の行う具体的な活動は、生活の流れの中で様々に変化するものであることに留意し、園児が望ましい方向に向かって自ら活動を展開していくことができるよう必要な援助をすること。

その際、園児の実態及び園児を取り巻く状況の変化などに即して指導の過程についての評価を適切に行い、常に指導計画の改善を図るものとする。

(3) 指導計画の作成上の留意事項

指導計画の作成に当たっては、次の事項に留意するものとする。

ア 園児の生活は、入園当初の一人一人の遊びや保育教諭等との触れ合いを通して幼保連携型認定こども園の生活に親しみ、安定していく時期から、他の園児との関わりの中で園児の主体的な活動が深まり、園児が互いに必要な存在であることを認識するようになる。その後、園児同士や学級全体で目的をもって協同して幼保連携型認定こども園の生活を展開し、深めていく時期などに至るまでの過程を様々に経ながら広げられていくものである。これらを考慮し、活動がそれぞれの時期にふさわしく展開されるようにすること。

また、園児の入園当初の教育及び保育に当たっては、既に在園している園児に不安や動揺を与えないようにしつつ、可能な限り個別的に対応し、園児が安定感を得て、次第に幼保連携型認定こども園の生活になじんでいくよう配慮すること。

イ 長期的に発達を見通した年、学期、月などにわたる長期の指導計画やこれとの関連を保ちながらより具体的な園児の生活に即した週、日などの短期の指導計画を作成し、適切な指導が行われるようにすること。特に、週、日などの短期の指導計画については、園児の生活のリズムに配慮し、園児の意識や興味の連続性のある活動が相互に関連して幼保連携型認定こども園の生活の自然な流れの中に組み込まれるようにすること。

ウ 園児が様々な人やものとの関わりを通して、多様な体験をし、心身の調和のとれた発達を促すようにしていくこと。その際、園児の発達に即して主体的・対話的で深い学びが実現するようにするとともに、心を動かされる体験が次の活動を生み出すことを考慮し、一つ一つの体験が相互に結び付き、幼保連携型認定こども園の生活が充実するようにすること。

エ 言語に関する能力の発達と思考力等の発達が関連していることを踏まえ、幼保連携型認定こども園における生活全体を通して、園児の発達を踏まえた言語環境を整え、言語活動の充実を図ること。

オ 園児が次の活動への期待や意欲をもつことができるよう、園児の実態を踏まえながら、保育教諭等や他の園児と共に遊びや生活の中で見通しをもったり、振り返ったりするよう工夫すること。

カ 行事の指導に当たっては、幼保連携型認定こども園の生活の自然な流れの中で生活に変化や潤いを与え、園児が主体的に楽しく活動できるようにすること。なお、それぞれの行事については教育及び保育における価値を十分検討し、適切なものを精選し、園児の負担にならないようにすること。

キ 乳幼児期は直接的な体験が重要であることを踏まえ、視聴覚教材やコンピュータなど情報機器を活用する際には、幼保連携型認定こども園の生活では得難い体験を補完するなど、園児の体験との関連を考慮すること。

ク 園児の主体的な活動を促すためには、保育教諭等が多様な関わりをもつことが重要であることを踏まえ、保育教諭等は、理解者、共同作業者など様々な役割を果たし、園児の情緒の安定や発達に必要な豊かな体験が得られるよう、活動の場面に応じて、園児の人権や園児一人一人の個人差等に配慮した適切な指導を行うようにすること。

ケ　園児の行う活動は、個人、グループ、学級全体などで多様に展開されるものであることを踏まえ、幼保連携型認定こども園全体の職員による協力体制を作りながら、園児一人一人が興味や欲求を十分に満足させるよう適切な援助を行うようにすること。

コ　園児の生活は、家庭を基盤として地域社会を通じて次第に広がりをもつものであることに留意し、家庭との連携を十分に図るなど、幼保連携型認定こども園における生活が家庭や地域社会と連続性を保ちつつ展開されるようにするものとする。その際、地域の自然、高齢者や異年齢の子どもなどを含む人材、行事や公共施設などの地域の資源を積極的に活用し、園児が豊かな生活体験を得られるように工夫するものとする。また、家庭との連携に当たっては、保護者との情報交換の機会を設けたり、保護者と園児との活動の機会を設けたりなどすることを通じて、保護者の乳幼児期の教育及び保育に関する理解が深まるよう配慮するものとする。

サ　地域や幼保連携型認定こども園の実態等により、幼保連携型認定こども園間に加え、幼稚園、保育所等の保育施設、小学校、中学校、高等学校及び特別支援学校などとの間の連携や交流を図るものとする。特に、小学校教育との円滑な接続のため、幼保連携型認定こども園の園児と小学校の児童との交流の機会を積極的に設けるようにするものとする。また、障害のある園児児童生徒との交流及び共同学習の機会を設け、共に尊重し合いながら協働して生活していく態度を育むよう努めるものとする。

(4)　園児の理解に基づいた評価の実施

園児一人一人の発達の理解に基づいた評価の実施に当たっては、次の事項に配慮するものとする。

ア　指導の過程を振り返りながら園児の理解を進め、園児一人一人のよさや可能性などを把握し、指導の改善に生かすようにすること。その際、他の園児との比較や一定の基準に対する達成度についての評定によって捉えるものではないことに留意すること。

イ　評価の妥当性や信頼性が高められるよう創意工夫を行い、組織的かつ計画的な取組を推進するとともに、次年度又は小学校等にその内容が適切に引き継がれるようにすること。

3　特別な配慮を必要とする園児への指導

(1)　障害のある園児などへの指導

障害のある園児などへの指導に当たっては、集団の中で生活することを通して全体的な発達を促していくことに配慮し、適切な環境の下で、障害のある園児が他の園児との生活を通して共に成長できるよう、特別支援学校などの助言又は援助を活用しつつ、個々の園児の障害の状態などに応じた指導内容や指導方法の工夫を組織的かつ計画的に行うものとする。また、家庭、地域及び医療や福祉、保健等の業務を行う関係機関との連携を図り、長期的な視点で園児への教育及び保育的支援を行うために、個別の教育及び保育支援計画を作成し活用することに努めるとともに、個々の園児の実態を的確に把握し、個別の指導計画を作成し活用することに努めるものとする。

(2)　海外から帰国した園児や生活に必要な日本語の習得に困難のある園児の幼保連携型認定こども園の生活への適応

海外から帰国した園児や生活に必要な日本語の習得に困難のある園児については、安心して自己を発揮できるよう配慮するなど個々の園児の実態に応じ、指導内容や指導方法の工夫を組織的かつ計画的に行うものとする。

第3　幼保連携型認定こども園として特に配慮すべき事項

幼保連携型認定こども園における教育及び保育を行うに当たっては、次の事項について特に配慮しなければならない。

1　当該幼保連携型認定こども園に入園した年齢により集団生活の経験年数が異なる園児がいることに配慮する等、0歳から小学校就学前までの一貫した教育及び保育を園児の発達や学びの連続性を考慮して展開していくこと。特に満3歳以上については入園する園児が多いことや同一学年の園児で編制される学級の中で生活することなどを踏まえ、家庭や他の保育施設等との連携や引継ぎを円滑に行うとともに、環境の工夫をすること。

2　園児の一日の生活の連続性及びリズムの多様性に配慮するとともに、保護者の生活形態を反映した園児の在園時間の長短、入園時期や登園日数の違いを踏まえ、園児一人一人の状況に応じ、教育及び保育の内容やその展開について工夫をすること。特に入園及び年度当初においては、家庭との連携の下、園児一人一人の生活の仕方やリズムに十分に配慮して一日の自然な生活の流れをつくり出していくようにすること。

3　環境を通して行う教育及び保育の活動の充実を図るため、幼保連携型認定こども園における教育及び保育の環境の構成に当たっては、乳幼児期の特性及び保護者や地域の実態を踏まえ、次の事項に留意すること。

(1)　0歳から小学校就学前までの様々な年齢の園児の発達の特性を踏まえ、満3歳未満の園児については特に健康、安全や発達の確保を十分に図るとともに、満3歳以上の園児については同一学年の園児で編制される学級による集団活動の中で遊びを中心とする園児の主体的な活動を通して発達や学びを促す経験が得られるよう工夫をすること。特に、満3歳以上の園児同士が共に育ち、学び合いながら、豊かな体験を積み重ねることができるよう工夫をすること。

(2)　在園時間が異なる多様な園児がいることを踏まえ、園児の生活が安定するよう、家庭や地域、幼保連携型認定こども園における生活の連続性を確保するとともに、一日の生活のリズムを整えるよう工夫をすること。特に満3歳未満の園児については睡眠時間等の個人差に配慮するとともに、満3歳以上の園児については集中して遊ぶ場と家庭的な雰囲気の中でくつろぐ場との適切な調和等の工夫をすること。

(3)　家庭や地域において異年齢の子どもと関わる機会が減少していることを踏まえ、満3歳以上の園児については、学級による集団活動とともに、満3歳未満の園児を含む異年齢の園児による活動を、園児の発達の状況にも配慮しつつ適切に組み合わせて設定するなどの工夫をすること。

(4)　満3歳以上の園児については、特に長期的な休業中、園児が過ごす家庭や園などの生活の場が異なることを踏まえ、それぞれの多様な生活経験が長期的な休業などの終了後等の園生活に生かされるよう工夫をすること。

4　指導計画を作成する際には、この章に示す指導計画の作成上の留意事項を踏まえるとともに、次の事項にも特に配慮すること。

(1)　園児の発達の個人差、入園した年齢の違いなどによる集団生活の経験年数の差、家庭環境等を踏まえ、園児一人一人の発達の特性や課題に十分留意すること。特に満3歳未満の園児については、大人への依存度が極めて高い等の特性があることから、個別的な対応を図ること。また、園児の集団生活への円滑な接続について、家庭等との連携及び協力を図る等十分留意すること。

(2) 園児の発達の連続性を考慮した教育及び保育を展開する際には、次の事項に留意すること。

ア　満3歳未満の園児については、園児一人一人の生育歴、心身の発達、活動の実態等に即して、個別的な計画を作成すること。

イ　満3歳以上の園児については、個の成長と、園児相互の関係や協同的な活動が促されるよう考慮すること。

ウ　異年齢で構成されるグループ等での指導に当たっては、園児一人一人の生活や経験、発達の過程などを把握し、適切な指導や環境の構成ができるよう考慮すること。

(3) 一日の生活のリズムや在園時間が異なる園児が共に過ごすことを踏まえ、活動と休息、緊張感と解放感等の調和を図るとともに、園児に不安や動揺を与えないようにする等の配慮を行うこと。その際、担当の保育教諭等が替わる場合には、園児の様子等引継ぎを行い、十分な連携を図ること。

(4) 午睡は生活のリズムを構成する重要な要素であり、安心して眠ることのできる安全な午睡環境を確保するとともに、在園時間が異なることや、睡眠時間は園児の発達の状況や個人によって差があることから、一律とならないよう配慮すること。

(5) 長時間にわたる教育及び保育については、園児の発達の過程、生活のリズム及び心身の状態に十分配慮して、保育の内容や方法、職員の協力体制、家庭との連携などを指導計画に位置付けること。

5　生命の保持や情緒の安定を図るなど養護の行き届いた環境の下、幼保連携型認定こども園における教育及び保育を展開すること。

(1) 園児一人一人が、快適にかつ健康で安全に過ごせるようにするとともに、その生理的欲求が十分に満たされ、健康増進が積極的に図られるようにするため、次の事項に留意すること。

ア　園児一人一人の平常の健康状態や発育及び発達の状態を的確に把握し、異常を感じる場合は、速やかに適切に対応すること。

イ　家庭との連携を密にし、学校医等との連携を図りながら、園児の疾病や事故防止に関する認識を深め、保健的で安全な環境の維持及び向上に努めること。

ウ　清潔で安全な環境を整え、適切な援助や応答的な関わりを通して、園児の生理的欲求を満たしていくこと。また、家庭と協力しながら、園児の発達の過程等に応じた適切な生活のリズムがつくられていくようにすること。

エ　園児の発達の過程等に応じて、適度な運動と休息をとることができるようにすること。また、食事、排泄（せつ）、睡眠、衣類の着脱、身の回りを清潔にすることなどについて、園児が意欲的に生活できるよう適切に援助すること。

(2) 園児一人一人が安定感をもって過ごし、自分の気持ちを安心して表すことができるようにするとともに、周囲から主体として受け止められ主体として育ち、自分を肯定する気持ちが育まれていくようにし、くつろいで共に過ごし、心身の疲れが癒やされるようにするため、次の事項に留意すること。

ア　園児一人一人の置かれている状態や発達の過程などを的確に把握し、園児の欲求を適切に満たしながら、応答的な触れ合いや言葉掛けを行うこと。

イ　園児一人一人の気持ちを受容し、共感しながら、園児との継続的な信頼関係を築いていくこと。

ウ　保育教諭等との信頼関係を基盤に、園児一人一人が主体的に活動し、自発性や探索意欲などを高めるとともに、自分への自信をもつことができるよう成長の過程を見守り、適切に働き掛けること。

エ　園児一人一人の生活のリズム、発達の過程、在園時間などに応じて、活動内容のバランスや調和を図りながら、適切な食事や休息がとれるようにすること。

6　園児の健康及び安全は、園児の生命の保持と健やかな生活の基本であり、幼保連携型認定こども園の生活全体を通して健康や安全に関する管理や指導、食育の推進等に十分留意すること。

7　保護者に対する子育ての支援に当たっては、この章に示す幼保連携型認定こども園における教育及び保育の基本及び目標を踏まえ、子どもに対する学校としての教育及び児童福祉施設としての保育並びに保護者に対する子育ての支援について相互に有機的な連携が図られるようにすること。また、幼保連携型認定こども園の目的の達成に資するため、保護者が子どもの成長に気付き子育ての喜びが感じられるよう、幼保連携型認定こども園の特性を生かした子育ての支援に努めること。

第２章　ねらい及び内容並びに配慮事項

この章に示すねらいは、幼保連携型認定こども園の教育及び保育において育みたい資質・能力を園児の生活する姿から捉えたものであり、内容は、ねらいを達成するために指導する事項である。各視点や領域は、この時期の発達の特徴を踏まえ、教育及び保育のねらい及び内容を乳幼児の発達の側面から、乳児は三つの視点として、幼児は五つの領域としてまとめ、示したものである。内容の取扱いは、園児の発達を踏まえた指導を行うに当たって留意すべき事項である。

各視点や領域に示すねらいは、幼保連携型認定こども園における生活の全体を通じ、園児が様々な体験を積み重ねる中で相互に関連をもちながら次第に達成に向かうものであること、内容は、園児が環境に関わって展開する具体的な活動を通して総合的に指導されるものであることに留意しなければならない。

また、「幼児期の終わりまでに育ってほしい姿」が、ねらい及び内容に基づく活動全体を通して資質・能力が育まれている園児の幼保連携型認定こども園修了時の具体的な姿であることを踏まえ、指導を行う際に考慮するものとする。

なお、特に必要な場合には、各視点や領域に示すねらいの趣旨に基づいて適切な、具体的な内容を工夫し、それを加えても差し支えないが、その場合には、それが第１章の第１に示す幼保連携型認定こども園の教育及び保育の基本及び目標を逸脱しないよう慎重に配慮する必要がある。

第１　乳児期の園児の保育に関するねらい及び内容

基本的事項

1　乳児期の発達については、視覚、聴覚などの感覚や、座る、はう、歩くなどの運動機能が著しく発達し、特定の大人との応答的な関わりを通じて、情緒的な絆(きずな)が形成されるといった特徴がある。これらの発達の特徴を踏まえて、乳児期の園児の保育は、愛情豊かに、応答的に行われることが特に必要である。

2　本項においては、この時期の発達の特徴を踏まえ、乳児期の園児の保育のねらい及び内容については、身体的発達に関する視点「健やかに伸び伸びと育つ」、社会的発達に関する視点「身近な人と気持ちが通じ合う」及び精神的発達に関する視点「身近なものと関わり感性が育つ」としてまとめ、示している。

ねらい及び内容

健やかに伸び伸びと育つ

〔健康な心と体を育て、自ら健康で安全な生活をつくり出す力の基盤を培う。〕

1　ねらい

(1) 身体感覚が育ち、快適な環境に心地よさを感じる。
(2) 伸び伸びと体を動かし、はう、歩くなどの運動をしようとする。
(3) 食事、睡眠等の生活のリズムの感覚が芽生える。

2　内容

(1) 保育教諭等の愛情豊かな受容の下で、生理的・心理的欲求を満たし、心地よく生活をする。
(2) 一人一人の発育に応じて、はう、立つ、歩くなど、十分に体を動かす。
(3) 個人差に応じて授乳を行い、離乳を進めていく中で、様々な食品に少しずつ慣れ、食べることを楽しむ。
(4) 一人一人の生活のリズムに応じて、安全な環境の下で十分に午睡をする。
(5) おむつ交換や衣服の着脱などを通じて、清潔になることの心地よさを感じる。

3　内容の取扱い

上記の取扱いに当たっては、次の事項に留意する必要がある。

(1) 心と体の健康は、相互に密接な関連があるものであることを踏まえ、温かい触れ合いの中で、心と体の発達を促すこと。特に、寝返り、お座り、はいはい、つかまり立ち、伝い歩きなど、発育に応じて、遊びの中で体を動かす機会を十分に確保し、自ら体を動かそうとする意欲が育つようにすること。
(2) 健康な心と体を育てるためには望ましい食習慣の形成が重要であることを踏まえ、離乳食が完了期へと徐々に移行する中で、様々な食品に慣れるようにするとともに、和やかな雰囲気の中で食べる喜びや楽しさを味わい、進んで食べようとする気持ちが育つようにすること。なお、食物アレルギーのある園児への対応については、学校医等の指示や協力の下に適切に対応すること。

身近な人と気持ちが通じ合う

〔受容的・応答的な関わりの下で、何かを伝えようとする意欲や身近な大人との信頼関係を育て、人と関わる力の基盤を培う。〕

1　ねらい

(1) 安心できる関係の下で、身近な人と共に過ごす喜びを感じる。
(2) 体の動きや表情、発声等により、保育教諭等と気持ちを通わせようとする。

(3) 身近な人と親しみ、関わりを深め、愛情や信頼感が芽生える。

2 内容

(1) 園児からの働き掛けを踏まえた、応答的な触れ合いや言葉掛けによって、欲求が満たされ、安定感をもって過ごす。

(2) 体の動きや表情、発声、喃語（なん）等を優しく受け止めてもらい、保育教諭等とのやり取りを楽しむ。

(3) 生活や遊びの中で、自分の身近な人の存在に気付き、親しみの気持ちを表す。

(4) 保育教諭等による語り掛けや歌い掛け、発声や喃語（なん）等への応答を通じて、言葉の理解や発語の意欲が育つ。

(5) 温かく、受容的な関わりを通じて、自分を肯定する気持ちが芽生える。

3 内容の取扱い

上記の取扱いに当たっては、次の事項に留意する必要がある。

(1) 保育教諭等との信頼関係に支えられて生活を確立していくことが人と関わる基盤となることを考慮して、園児の多様な感情を受け止め、温かく受容的・応答的に関わり、一人一人に応じた適切な援助を行うようにすること。

(2) 身近な人に親しみをもって接し、自分の感情などを表し、それに相手が応答する言葉を聞くことを通して、次第に言葉が獲得されていくことを考慮して、楽しい雰囲気の中での保育教諭等との関わり合いを大切にし、ゆっくりと優しく話し掛けるなど、積極的に言葉のやり取りを楽しむことができるようにすること。

身近なものと関わり感性が育つ

〔身近な環境に興味や好奇心をもって関わり、感じたことや考えたことを表現する力の基盤を培う。〕

1 ねらい

(1) 身の回りのものに親しみ、様々なものに興味や関心をもつ。

(2) 見る、触れる、探索するなど、身近な環境に自分から関わろうとする。

(3) 身体の諸感覚による認識が豊かになり、表情や手足、体の動き等で表現する。

2 内容

(1) 身近な生活用具、玩具や絵本などが用意された中で、身の回りのものに対する興味や好奇心をもつ。

(2) 生活や遊びの中で様々なものに触れ、音、形、色、手触りなどに気付き、感覚の働きを豊かにする。

(3) 保育教諭等と一緒に様々な色彩や形のものや絵本などを見る。

(4) 玩具や身の回りのものを、つまむ、つかむ、たたく、引っ張るなど、手や指を使って遊ぶ。

(5) 保育教諭等のあやし遊びに機嫌よく応じたり、歌やリズムに合わせて手足や体を動かして楽しんだりする。

3 内容の取扱い

上記の取扱いに当たっては、次の事項に留意する必要がある。

(1) 玩具などは、音質、形、色、大きさなど園児の発達状態に応じて適切なものを選び、その時々の園児の興味や関心を踏まえるなど、遊びを通して感覚の発達が促されるものとなるように工夫すること。なお、安全な環境の下で、園児が探索意欲を満たして自由に遊べるよう、身の回りのものについては常に十分な点検を行うこと。

(2) 乳児期においては、表情、発声、体の動きなどで、感情を表現することが多いことから、これらの表現しようとする意欲を積極的に受け止めて、園児が様々な活動を楽しむことを通して表現が豊かになるようにすること。

第2　満1歳以上満3歳未満の園児の保育に関するねらい及び内容

基本的事項

1　この時期においては、歩き始めから、歩く、走る、跳ぶなどへと、基本的な運動機能が次第に発達し、排泄の自立のための身体的機能も整うようになる。つまむ、めくるなどの指先の機能も発達し、食事、衣類の着脱なども、保育教諭等の援助の下で自分で行うようになる。発声も明瞭になり、語彙も増加し、自分の意思や欲求を言葉で表出できるようになる。このように自分でできることが増えてくる時期であることから、保育教諭等は、園児の生活の安定を図りながら、自分でしようとする気持ちを尊重し、温かく見守るとともに、愛情豊かに、応答的に関わることが必要である。

2　本項においては、この時期の発達の特徴を踏まえ、保育のねらい及び内容について、心身の健康に関する領域「健康」、人との関わりに関する領域「人間関係」、身近な環境との関わりに関する領域「環境」、言葉の獲得に関する領域「言葉」及び感性と表現に関する領域「表現」としてまとめ、示している。

ねらい及び内容

健康

〔健康な心と体を育て、自ら健康で安全な生活をつくり出す力を養う。〕

1　ねらい

(1) 明るく伸び伸びと生活し、自分から体を動かすことを楽しむ。

(2) 自分の体を十分に動かし、様々な動きをしようとする。

(3) 健康、安全な生活に必要な習慣に気付き、自分でしてみようとする気持ちが育つ。

2　内容

(1) 保育教諭等の愛情豊かな受容の下で、安定感をもって生活をする。

(2) 食事や午睡、遊びと休息など、幼保連携型認定こども園における生活のリズムが形成される。

(3) 走る、跳ぶ、登る、押す、引っ張るなど全身を使う遊びを楽しむ。

(4) 様々な食品や調理形態に慣れ、ゆったりとした雰囲気の中で食事や間食を楽しむ。

(5) 身の回りを清潔に保つ心地よさを感じ、その習慣が少しずつ身に付く。

(6) 保育教諭等の助けを借りながら、衣類の着脱を自分でしようとする。

(7) 便器での排泄に慣れ、自分で排泄ができるようになる。

3　内容の取扱い

上記の取扱いに当たっては、次の事項に留意する必要がある。

(1) 心と体の健康は、相互に密接な関連があるものであることを踏まえ、園児の気持ちに配慮した温かい触れ合いの中で、心と体の発達を促すこと。特に、一人一人の発育に応じて、体を動かす機会を十分に確保し、自ら体を動かそうとする意欲が育つようにすること。

(2) 健康な心と体を育てるためには望ましい食習慣の形成が重要であることを踏まえ、ゆったりとした雰囲気の中で食べる喜びや楽しさを味わい、進んで食べようとする気持ちが育つようにすること。なお、食物アレルギーのある園児への対応については、学校医等の指示や協力の下に適切に対応すること。

(3) 排泄の習慣については、一人一人の排尿間隔等を踏まえ、おむつが汚れていないときに便器に座らせるなどにより、少しずつ慣れさせるようにすること。

(4) 食事、排泄、睡眠、衣類の着脱、身の回りを清潔にすることなど、生活に必要な基本的な習慣については、一人一人の状態に応じ、落ち着いた雰囲気の中で行うようにし、園児が自分でしようとする気持ちを尊重すること。また、基本的な生活習慣の形成に当たっては、家庭での生活経験に配慮し、家庭との適切な連携の下で行うようにすること。

人間関係

〔他の人々と親しみ、支え合って生活するために、自立心を育て、人と関わる力を養う。〕

1 ねらい

(1) 幼保連携型認定こども園での生活を楽しみ、身近な人と関わる心地よさを感じる。

(2) 周囲の園児等への興味・関心が高まり、関わりをもとうとする。

(3) 幼保連携型認定こども園の生活の仕方に慣れ、きまりの大切さに気付く。

2 内容

(1) 保育教諭等や周囲の園児等との安定した関係の中で、共に過ごす心地よさを感じる。

(2) 保育教諭等の受容的・応答的な関わりの中で、欲求を適切に満たし、安定感をもって過ごす。

(3) 身の回りに様々な人がいることに気付き、徐々に他の園児と関わりをもって遊ぶ。

(4) 保育教諭等の仲立ちにより、他の園児との関わり方を少しずつ身につける。

(5) 幼保連携型認定こども園の生活の仕方に慣れ、きまりがあることや、その大切さに気付く。

(6) 生活や遊びの中で、年長児や保育教諭等の真似をしたり、ごっこ遊びを楽しんだりする。

3 内容の取扱い

上記の取扱いに当たっては、次の事項に留意する必要がある。

(1) 保育教諭等との信頼関係に支えられて生活を確立するとともに、自分で何かをしようとする気持ちが旺盛になる時期であることに鑑み、そのような園児の気持ちを尊重し、温かく見守るとともに、愛情豊かに、応答的に関わり、適切な援助を行うようにすること。

(2) 思い通りにいかない場合等の園児の不安定な感情の表出については、保育教諭等が受容的に受け止めるとともに、そうした気持ちから立ち直る経験や感情をコントロールすることへの気付き等につなげていけるように援助すること。

(3) この時期は自己と他者との違いの認識がまだ十分ではないことから、園児の自我の育ちを見守るとともに、保育教諭等が仲立ちとなって、自分の気持ちを相手に伝えることや相手の気持ちに気付くことの大切さなど、友達の気持ちや友達との関わり方を丁寧に伝えていくこと。

環境

〔周囲の様々な環境に好奇心や探究心をもって関わり、それらを生活に取り入れていこうとする力を養う。〕

1 ねらい

(1) 身近な環境に親しみ、触れ合う中で、様々なものに興味や関心をもつ。

(2) 様々なものに関わる中で、発見を楽しんだり、考えたりしようとする。
(3) 見る、聞く、触るなどの経験を通して、感覚の働きを豊かにする。

2 内容

(1) 安全で活動しやすい環境での探索活動等を通して、見る、聞く、触れる、嗅ぐ、味わうなどの感覚の働きを豊かにする。
(2) 玩具、絵本、遊具などに興味をもち、それらを使った遊びを楽しむ。
(3) 身の回りの物に触れる中で、形、色、大きさ、量などの物の性質や仕組みに気付く。
(4) 自分の物と人の物の区別や、場所的感覚など、環境を捉える感覚が育つ。
(5) 身近な生き物に気付き、親しみをもつ。
(6) 近隣の生活や季節の行事などに興味や関心をもつ。

3 内容の取扱い

上記の取扱いに当たっては、次の事項に留意する必要がある。

(1) 玩具などは、音質、形、色、大きさなど園児の発達状態に応じて適切なものを選び、遊びを通して感覚の発達が促されるように工夫すること。
(2) 身近な生き物との関わりについては、園児が命を感じ、生命の尊さに気付く経験へとつながるものであることから、そうした気付きを促すような関わりとなるようにすること。
(3) 地域の生活や季節の行事などに触れる際には、社会とのつながりや地域社会の文化への気付きにつながるものとなることが望ましいこと。その際、幼保連携型認定こども園内外の行事や地域の人々との触れ合いなどを通して行うこと等も考慮すること。

言葉

〔経験したことや考えたことなどを自分なりの言葉で表現し、相手の話す言葉を聞こうとする意欲や態度を育て、言葉に対する感覚や言葉で表現する力を養う。〕

1 ねらい

(1) 言葉遊びや言葉で表現する楽しさを感じる。
(2) 人の言葉や話などを聞き、自分でも思ったことを伝えようとする。
(3) 絵本や物語等に親しむとともに、言葉のやり取りを通じて身近な人と気持ちを通わせる。

2 内容

(1) 保育教諭等の応答的な関わりや話し掛けにより、自ら言葉を使おうとする。
(2) 生活に必要な簡単な言葉に気付き、聞き分ける。
(3) 親しみをもって日常の挨拶に応じる。
(4) 絵本や紙芝居を楽しみ、簡単な言葉を繰り返したり、模倣をしたりして遊ぶ。
(5) 保育教諭等とごっこ遊びをする中で、言葉のやり取りを楽しむ。
(6) 保育教諭等を仲立ちとして、生活や遊びの中で友達との言葉のやり取りを楽しむ。
(7) 保育教諭等や友達の言葉や話に興味や関心をもって、聞いたり、話したりする。

3 内容の取扱い

上記の取扱いに当たっては、次の事項に留意する必要がある。

(1) 身近な人に親しみをもって接し、自分の感情などを伝え、それに相手が応答し、その言葉を聞くことを通して、次第に言葉が獲得されていくものであることを考慮して、楽しい雰囲気の中で保育教諭等との言葉のやり取りができるようにすること。

(2) 園児が自分の思いを言葉で伝えるとともに、他の園児の話などを聞くことを通して、次第に話を理解し、言葉による伝え合いができるようになるよう、気持ちや経験等の言語化を行うことを援助するなど、園児同士の関わりの仲立ちを行うようにすること。

(3) この時期は、片言から、二語文、ごっこ遊びでのやり取りができる程度へと、大きく言葉の習得が進む時期であることから、それぞれの園児の発達の状況に応じて、遊びや関わりの工夫など、保育の内容を適切に展開することが必要であること。

表現

〔感じたことや考えたことを自分なりに表現することを通して、豊かな感性や表現する力を養い、創造性を豊かにする。〕

1　ねらい

(1) 身体の諸感覚の経験を豊かにし、様々な感覚を味わう。

(2) 感じたことや考えたことなどを自分なりに表現しようとする。

(3) 生活や遊びの様々な体験を通して、イメージや感性が豊かになる。

2　内容

(1) 水、砂、土、紙、粘土など様々な素材に触れて楽しむ。

(2) 音楽、リズムやそれに合わせた体の動きを楽しむ。

(3) 生活の中で様々な音、形、色、手触り、動き、味、香りなどに気付いたり、感じたりして楽しむ。

(4) 歌を歌ったり、簡単な手遊びや全身を使う遊びを楽しんだりする。

(5) 保育教諭等からの話や、生活や遊びの中での出来事を通して、イメージを豊かにする。

(6) 生活や遊びの中で、興味のあることや経験したことなどを自分なりに表現する。

3　内容の取扱い

上記の取扱いに当たっては、次の事項に留意する必要がある。

(1) 園児の表現は、遊びや生活の様々な場面で表出されているものであることから、それらを積極的に受け止め、様々な表現の仕方や感性を豊かにする経験となるようにすること。

(2) 園児が試行錯誤しながら様々な表現を楽しむことや、自分の力でやり遂げる充実感などに気付くよう、温かく見守るとともに、適切に援助を行うようにすること。

(3) 様々な感情の表現等を通じて、園児が自分の感情や気持ちに気付くようになる時期であることに鑑み、受容的な関わりの中で自信をもって表現をすることや、諦めずに続けた後の達成感等を感じられるような経験が蓄積されるようにすること。

(4) 身近な自然や身の回りの事物に関わる中で、発見や心が動く経験が得られるよう、諸感覚を働かせることを楽しむ遊びや素材を用意するなど保育の環境を整えること。

第3　満3歳以上の園児の教育及び保育に関するねらい及び内容

基本的事項

1　この時期においては、運動機能の発達により、基本的な動作が一通りできるようになるとともに、基本的な生活習慣もほぼ自立できるようになる。理解する語彙数が急激に増加し、知的興味や関心も高まってくる。仲間と遊び、仲間の中の一人という自覚が生じ、集団的な遊びや協同的な活動も見られるようになる。これらの発達の特徴を踏まえて、この時期の教育及び保育においては、個の成長と集団としての活動の充実が図られるようにしなければならない。

2　本項においては、この時期の発達の特徴を踏まえ、教育及び保育のねらい及び内容について、心身の健康に関する領域「健康」、人との関わりに関する領域「人間関係」、身近な環境との関わりに関する領域「環境」、言葉の獲得に関する領域「言葉」及び感性と表現に関する領域「表現」としてまとめ、示している。

ねらい及び内容

健康

〔健康な心と体を育て、自ら健康で安全な生活をつくり出す力を養う。〕

1　ねらい

(1) 明るく伸び伸びと行動し、充実感を味わう。

(2) 自分の体を十分に動かし、進んで運動しようとする。

(3) 健康、安全な生活に必要な習慣や態度を身に付け、見通しをもって行動する。

2　内容

(1) 保育教諭等や友達と触れ合い、安定感をもって行動する。

(2) いろいろな遊びの中で十分に体を動かす。

(3) 進んで戸外で遊ぶ。

(4) 様々な活動に親しみ、楽しんで取り組む。

(5) 保育教諭等や友達と食べることを楽しみ、食べ物への興味や関心をもつ。

(6) 健康な生活のリズムを身に付ける。

(7) 身の回りを清潔にし、衣服の着脱、食事、排泄(せつ)などの生活に必要な活動を自分でする。

(8) 幼保連携型認定こども園における生活の仕方を知り、自分たちで生活の場を整えながら見通しをもって行動する。

(9) 自分の健康に関心をもち、病気の予防などに必要な活動を進んで行う。

(10) 危険な場所、危険な遊び方、災害時などの行動の仕方が分かり、安全に気を付けて行動する。

3　内容の取扱い

上記の取扱いに当たっては、次の事項に留意する必要がある。

(1) 心と体の健康は、相互に密接な関連があるものであることを踏まえ、園児が保育教諭等や他の園児との温かい触れ合いの中で自己の存在感や充実感を味わうことなどを基盤として、しなやかな心と体の発達を促すこと。特に、十分に体を動かす気持ちよさを体験し、自ら体を動かそうとする意欲が育つようにすること。

(2) 様々な遊びの中で、園児が興味や関心、能力に応じて全身を使って活動することにより、体を動かす楽しさを味わい、自分の体を大切にしようとする気持ちが育つようにすること。その際、多様な動きを経験する中で、体の動きを調整するようにすること。

(3) 自然の中で伸び伸びと体を動かして遊ぶことにより、体の諸機能の発達が促されることに留意し、園児の興味や関心が戸外にも向くようにすること。その際、園児の動線に配慮した園庭や遊具の配置などを工夫すること。

(4) 健康な心と体を育てるためには食育を通じた望ましい食習慣の形成が大切であることを踏まえ、園児の食生活の実情に配慮し、和やかな雰囲気の中で保育教諭等や他の園児と食べる喜びや楽しさを味わったり、様々な食べ物への興味や関心をもったりするなどし、食の大切さに気付き、進んで食べようとする気持ちが育つようにすること。

(5) 基本的な生活習慣の形成に当たっては、家庭での生活経験に配慮し、園児の自立心を育て、園児が他の園児と関わりながら主体的な活動を展開する中で、生活に必要な習慣を身に付け、次第に見通しをもって行動できるようにすること。

(6) 安全に関する指導に当たっては、情緒の安定を図り、遊びを通して安全についての構えを身に付け、危険な場所や事物などが分かり、安全についての理解を深めるようにすること。また、交通安全の習慣を身に付けるようにするとともに、避難訓練などを通して、災害などの緊急時に適切な行動がとれるようにすること。

人間関係

〔他の人々と親しみ、支え合って生活するために、自立心を育て、人と関わる力を養う。〕

1 ねらい

(1) 幼保連携型認定こども園の生活を楽しみ、自分の力で行動することの充実感を味わう。

(2) 身近な人と親しみ、関わりを深め、工夫したり、協力したりして一緒に活動する楽しさを味わい、愛情や信頼感をもつ。

(3) 社会生活における望ましい習慣や態度を身に付ける。

2 内容

(1) 保育教諭等や友達と共に過ごすことの喜びを味わう。

(2) 自分で考え、自分で行動する。

(3) 自分でできることは自分でする。

(4) いろいろな遊びを楽しみながら物事をやり遂げようとする気持ちをもつ。

(5) 友達と積極的に関わりながら喜びや悲しみを共感し合う。

(6) 自分の思ったことを相手に伝え、相手の思っていることに気付く。

(7) 友達のよさに気付き、一緒に活動する楽しさを味わう。

(8) 友達と楽しく活動する中で、共通の目的を見いだし、工夫したり、協力したりなどする。

(9) よいことや悪いことがあることに気付き、考えながら行動する。

(10) 友達との関わりを深め、思いやりをもつ。

(11) 友達と楽しく生活する中できまりの大切さに気付き、守ろうとする。

(12) 共同の遊具や用具を大切にし、皆で使う。

(13) 高齢者をはじめ地域の人々などの自分の生活に関係の深いいろいろな人に親しみをもつ。

3 内容の取扱い

上記の取扱いに当たっては、次の事項に留意する必要がある。

(1) 保育教諭等との信頼関係に支えられて自分自身の生活を確立していくことが人と関わる基盤となることを考慮し、園児が自ら周囲に働き掛けることにより多様な感情を体験し、試行錯誤しながら諦めずにやり遂げることの達成感や、前向きな見通しをもって自分の力で行うことの充実感を味わうことができるよう、園児の行動を見守りながら適切な援助を行うようにすること。

(2) 一人一人を生かした集団を形成しながら人と関わる力を育てていくようにすること。その際、集団の生活の中で、園児が自己を発揮し、保育教諭等や他の園児に認められる体験をし、自分のよさや特徴に気付き、自信をもって行動できるようにすること。

(3) 園児が互いに関わりを深め、協同して遊ぶようになるため、自ら行動する力を育てるようにするとともに、他の園児と試行錯誤しながら活動を展開する楽しさや共通の目的が実現する喜びを味わうことができるようにすること。

(4) 道徳性の芽生えを培うに当たっては、基本的な生活習慣の形成を図るとともに、園児が他の園児との関わりの中で他人の存在に気付き、相手を尊重する気持ちをもって行動できるようにし、また、自然や身近な動植物に親しむことなどを通して豊かな心情が育つようにすること。特に、人に対する信頼感や思いやりの気持ちは、葛藤やつまずきをも体験し、それらを乗り越えることにより次第に芽生えてくることに配慮すること。

(5) 集団の生活を通して、園児が人との関わりを深め、規範意識の芽生えが培われることを考慮し、園児が保育教諭等との信頼関係に支えられて自己を発揮する中で、互いに思いを主張し、折り合いを付ける体験をし、きまりの必要性などに気付き、自分の気持ちを調整する力が育つようにすること。

(6) 高齢者をはじめ地域の人々などの自分の生活に関係の深いいろいろな人と触れ合い、自分の感情や意志を表現しながら共に楽しみ、共感し合う体験を通して、これらの人々などに親しみをもち、人と関わることの楽しさや人の役に立つ喜びを味わうことができるようにすること。また、生活を通して親や祖父母などの家族の愛情に気付き、家族を大切にしようとする気持ちが育つようにすること。

環境

〔周囲の様々な環境に好奇心や探究心をもって関わり、それらを生活に取り入れていこうとする力を養う。〕

1　ねらい

(1) 身近な環境に親しみ、自然と触れ合う中で様々な事象に興味や関心をもつ。

(2) 身近な環境に自分から関わり、発見を楽しんだり、考えたりし、それを生活に取り入れようとする。

(3) 身近な事象を見たり、考えたり、扱ったりする中で、物の性質や数量、文字などに対する感覚を豊かにする。

2　内容

(1) 自然に触れて生活し、その大きさ、美しさ、不思議さなどに気付く。

(2) 生活の中で、様々な物に触れ、その性質や仕組みに興味や関心をもつ。

(3) 季節により自然や人間の生活に変化のあることに気付く。

(4) 自然などの身近な事象に関心をもち、取り入れて遊ぶ。

(5) 身近な動植物に親しみをもって接し、生命の尊さに気付き、いたわったり、大切にしたりする。

(6) 日常生活の中で、我が国や地域社会における様々な文化や伝統に親しむ。

(7) 身近な物を大切にする。

(8) 身近な物や遊具に興味をもって関わり、自分なりに比べたり、関連付けたりしながら考えたり、試したりして工夫して遊ぶ。

(9) 日常生活の中で数量や図形などに関心をもつ。

(10) 日常生活の中で簡単な標識や文字などに関心をもつ。

(11) 生活に関係の深い情報や施設などに興味や関心をもつ。

(12) 幼保連携型認定こども園内外の行事において国旗に親しむ。

3 内容の取扱い

上記の取扱いに当たっては、次の事項に留意する必要がある。

(1) 園児が、遊びの中で周囲の環境と関わり、次第に周囲の世界に好奇心を抱き、その意味や操作の仕方に関心をもち、物事の法則性に気付き、自分なりに考えることができるようになる過程を大切にすること。また、他の園児の考えなどに触れて新しい考えを生み出す喜びや楽しさを味わい、自分の考えをよりよいものにしようとする気持ちが育つようにすること。

(2) 幼児期において自然のもつ意味は大きく、自然の大きさ、美しさ、不思議さなどに直接触れる体験を通して、園児の心が安らぎ、豊かな感情、好奇心、思考力、表現力の基礎が培われることを踏まえ、園児が自然との関わりを深めることができるよう工夫すること。

(3) 身近な事象や動植物に対する感動を伝え合い、共感し合うことなどを通して自分から関わろうとする意欲を育てるとともに、様々な関わり方を通してそれらに対する親しみや畏敬の念、生命を大切にする気持ち、公共心、探究心などが養われるようにすること。

(4) 文化や伝統に親しむ際には、正月や節句など我が国の伝統的な行事、国歌、唱歌、わらべうたや我が国の伝統的な遊びに親しんだり、異なる文化に触れる活動に親しんだりすることを通じて、社会とのつながりの意識や国際理解の意識の芽生えなどが養われるようにすること。

(5) 数量や文字などに関しては、日常生活の中で園児自身の必要感に基づく体験を大切にし、数量や文字などに関する興味や関心、感覚が養われるようにすること。

言葉

〔経験したことや考えたことなどを自分なりの言葉で表現し、相手の話す言葉を聞こうとする意欲や態度を育て、言葉に対する感覚や言葉で表現する力を養う。〕

1 ねらい

(1) 自分の気持ちを言葉で表現する楽しさを味わう。

(2) 人の言葉や話などをよく聞き、自分の経験したことや考えたことを話し、伝え合う喜びを味わう。

(3) 日常生活に必要な言葉が分かるようになるとともに、絵本や物語などに親しみ、言葉に対する感覚を豊かにし、保育教諭等や友達と心を通わせる。

2 内容

(1) 保育教諭等や友達の言葉や話に興味や関心をもち、親しみをもって聞いたり、話したりする。

(2) したり、見たり、聞いたり、感じたり、考えたりなどしたことを自分なりに言葉で表現する。

(3) したいこと、してほしいことを言葉で表現したり、分からないことを尋ねたりする。

(4) 人の話を注意して聞き、相手に分かるように話す。

(5) 生活の中で必要な言葉が分かり、使う。

(6) 親しみをもって日常の挨拶をする。

(7) 生活の中で言葉の楽しさや美しさに気付く。

(8) いろいろな体験を通じてイメージや言葉を豊かにする。

(9) 絵本や物語などに親しみ、興味をもって聞き、想像をする楽しさを味わう。

(10) 日常生活の中で、文字などで伝える楽しさを味わう。

3　内容の取扱い

上記の取扱いに当たっては、次の事項に留意する必要がある。

(1) 言葉は、身近な人に親しみをもって接し、自分の感情や意志などを伝え、それに相手が応答し、その言葉を聞くことを通して次第に獲得されていくものであることを考慮して、園児が保育教諭等や他の園児と関わることにより心を動かされるような体験をし、言葉を交わす喜びを味わえるようにすること。

(2) 園児が自分の思いを言葉で伝えるとともに、保育教諭等や他の園児などの話を興味をもって注意して聞くことを通して次第に話を理解するようになっていき、言葉による伝え合いができるようにすること。

(3) 絵本や物語などで、その内容と自分の経験とを結び付けたり、想像を巡らせたりするなど、楽しみを十分に味わうことによって、次第に豊かなイメージをもち、言葉に対する感覚が養われるようにすること。

(4) 園児が生活の中で、言葉の響きやリズム、新しい言葉や表現などに触れ、これらを使う楽しさを味わえるようにすること。その際、絵本や物語に親しんだり、言葉遊びなどをしたりすることを通して、言葉が豊かになるようにすること。

(5) 園児が日常生活の中で、文字などを使いながら思ったことや考えたことを伝える喜びや楽しさを味わい、文字に対する興味や関心をもつようにすること。

表現

〔感じたことや考えたことを自分なりに表現することを通して、豊かな感性や表現する力を養い、創造性を豊かにする。〕

1　ねらい

(1) いろいろなものの美しさなどに対する豊かな感性をもつ。

(2) 感じたことや考えたことを自分なりに表現して楽しむ。

(3) 生活の中でイメージを豊かにし、様々な表現を楽しむ。

2　内容

(1) 生活の中で様々な音、形、色、手触り、動きなどに気付いたり、感じたりするなどして楽しむ。

(2) 生活の中で美しいものや心を動かす出来事に触れ、イメージを豊かにする。

(3) 様々な出来事の中で、感動したことを伝え合う楽しさを味わう。

(4) 感じたこと、考えたことなどを音や動きなどで表現したり、自由にかいたり、つくったりなどする。

(5) いろいろな素材に親しみ、工夫して遊ぶ。

(6) 音楽に親しみ、歌を歌ったり、簡単なリズム楽器を使ったりなどする楽しさを味わう。

(7) かいたり、つくったりすることを楽しみ、遊びに使ったり、飾ったりなどする。

(8) 自分のイメージを動きや言葉などで表現したり、演じて遊んだりするなどの楽しさを味わう。

3　内容の取扱い

上記の取扱いに当たっては、次の事項に留意する必要がある。

(1) 豊かな感性は、身近な環境と十分に関わる中で美しいもの、優れたもの、心を動かす出来事などに出会い、そこから得た感動を他の園児や保育教諭等と共有し、様々に表現することなどを通して養われるようにすること。その際、風の音や雨の音、身近にある草や花の形や色など自然の中にある音、形、色などに気付くようにすること。

(2) 幼児期の自己表現は素朴な形で行われることが多いので、保育教諭等はそのような表現を受容し、園児自身の表現しようとする意欲を受け止めて、園児が生活の中で園児らしい様々な表現を楽しむことができるようにすること。

(3) 生活経験や発達に応じ、自ら様々な表現を楽しみ、表現する意欲を十分に発揮させることができるように、遊具や用具などを整えたり、様々な素材や表現の仕方に親しんだり、他の園児の表現に触れられるよう配慮したりし、表現する過程を大切にして自己表現を楽しめるように工夫すること。

第4　教育及び保育の実施に関する配慮事項

1　満3歳未満の園児の保育の実施については、以下の事項に配慮するものとする。

(1) 乳児は疾病への抵抗力が弱く、心身の機能の未熟さに伴う疾病の発生が多いことから、一人一人の発育及び発達状態や健康状態についての適切な判断に基づく保健的な対応を行うこと。また、一人一人の園児の生育歴の違いに留意しつつ、欲求を適切に満たし、特定の保育教諭等が応答的に関わるように努めること。更に、乳児期の園児の保育に関わる職員間の連携や学校医との連携を図り、第3章に示す事項を踏まえ、適切に対応すること。栄養士及び看護師等が配置されている場合は、その専門性を生かした対応を図ること。乳児期の園児の保育においては特に、保護者との信頼関係を築きながら保育を進めるとともに、保護者からの相談に応じ支援に努めていくこと。なお、担当の保育教諭等が替わる場合には、園児のそれまでの生育歴や発達の過程に留意し、職員間で協力して対応すること。

(2) 満1歳以上満3歳未満の園児は、特に感染症にかかりやすい時期であるので、体の状態、機嫌、食欲などの日常の状態の観察を十分に行うとともに、適切な判断に基づく保健的な対応を心掛けること。また、探索活動が十分できるように、事故防止に努めながら活動しやすい環境を整え、全身を使う遊びなど様々な遊びを取り入れること。更に、自我が形成され、園児が自分の感情や気持ちに気付くようになる重要な時期であることに鑑み、情緒の安定を図りながら、園児の自発的な活動を尊重するとともに促していくこと。なお、担当の保育教諭等が替わる場合には、園児のそれまでの経験や発達の過程に留意し、職員間で協力して対応すること。

2　幼保連携型認定こども園における教育及び保育の全般において以下の事項に配慮するものとする。

(1) 園児の心身の発達及び活動の実態などの個人差を踏まえるとともに、一人一人の園児の気持ちを受け止め、援助すること。

(2) 園児の健康は、生理的・身体的な育ちとともに、自主性や社会性、豊かな感性の育ちとがあいまってもたらされることに留意すること。

(3) 園児が自ら周囲に働き掛け、試行錯誤しつつ自分の力で行う活動を見守りながら、適切に援助すること。

(4) 園児の入園時の教育及び保育に当たっては、できるだけ個別的に対応し、園児が安定感を得て、次第に幼保連携型認定こども園の生活になじんでいくようにするとともに、既に入園している園児に不安や動揺を与えないようにすること。

(5) 園児の国籍や文化の違いを認め、互いに尊重する心を育てるようにすること。

(6) 園児の性差や個人差にも留意しつつ、性別などによる固定的な意識を植え付けることがないようにすること。

第3章 健康及び安全

幼保連携型認定こども園における園児の健康及び安全は、園児の生命の保持と健やかな生活の基本となるものであり、第1章及び第2章の関連する事項と併せ、次に示す事項について適切に対応するものとする。その際、養護教諭や看護師、栄養教諭や栄養士等が配置されている場合には、学校医等と共に、これらの者がそれぞれの専門性を生かしながら、全職員が相互に連携し、組織的かつ適切な対応を行うことができるような体制整備や研修を行うことが必要である。

第1 健康支援

1 健康状態や発育及び発達の状態の把握

(1) 園児の心身の状態に応じた教育及び保育を行うために、園児の健康状態や発育及び発達の状態について、定期的・継続的に、また、必要に応じて随時、把握すること。

(2) 保護者からの情報とともに、登園時及び在園時に園児の状態を観察し、何らかの疾病が疑われる状態や傷害が認められた場合には、保護者に連絡するとともに、学校医と相談するなど適切な対応を図ること。

(3) 園児の心身の状態等を観察し、不適切な養育の兆候が見られる場合には、市町村(特別区を含む。以下同じ。)や関係機関と連携し、児童福祉法第25条に基づき、適切な対応を図ること。また、虐待が疑われる場合には、速やかに市町村又は児童相談所に通告し、適切な対応を図ること。

2 健康増進

(1) 認定こども園法第27条において準用する学校保健安全法(昭和33年法律第56号)第5条の学校保健計画を作成する際は、教育及び保育の内容並びに子育ての支援等に関する全体的な計画に位置づくものとし、全ての職員がそのねらいや内容を踏まえ、園児一人一人の健康の保持及び増進に努めていくこと。

(2) 認定こども園法第27条において準用する学校保健安全法第13条第1項の健康診断を行ったときは、認定こども園法第27条において準用する学校保健安全法第14条の措置を行い、教育及び保育に活用するとともに、保護者が園児の状態を理解し、日常生活に活用できるようにすること。

3 疾病等への対応

(1) 在園時に体調不良や傷害が発生した場合には、その園児の状態等に応じて、保護者に連絡するとともに、適宜、学校医やかかりつけ医等と相談し、適切な処置を行うこと。

(2) 感染症やその他の疾病の発生予防に努め、その発生や疑いがある場合には必要に応じて学校医、市町村、保健所等に連絡し、その指示に従うとともに、保護者や全ての職員に連絡し、予防等について協力を求めること。また、感染症に関する幼保連携型認定こども園の対応方法等について、あらかじめ関係機関の協力を得ておくこと。

(3) アレルギー疾患を有する園児に関しては、保護者と連携し、医師の診断及び指示に基づき、適切な対応を行うこと。また、食物アレルギーに関して、関係機関と連携して、当該幼保連携型認定こども園の体制構築など、安全な環境の整備を行うこと。

(4) 園児の疾病等の事態に備え、保健室の環境を整え、救急用の薬品、材料等を適切な管理の下に常備し、全ての職員が対応できるようにしておくこと。

第2　食育の推進

1　幼保連携型認定こども園における食育は、健康な生活の基本としての食を営む力の育成に向け、その基礎を培うことを目標とすること。

2　園児が生活と遊びの中で、意欲をもって食に関わる体験を積み重ね、食べることを楽しみ、食事を楽しみ合う園児に成長していくことを期待するものであること。

3　乳幼児期にふさわしい食生活が展開され、適切な援助が行われるよう、教育及び保育の内容並びに子育ての支援等に関する全体的な計画に基づき、食事の提供を含む食育の計画を作成し、指導計画に位置付けるとともに、その評価及び改善に努めること。

4　園児が自らの感覚や体験を通して、自然の恵みとしての食材や食の循環・環境への意識、調理する人への感謝の気持ちが育つように、園児と調理員等との関わりや、調理室など食に関する環境に配慮すること。

5　保護者や地域の多様な関係者との連携及び協働の下で、食に関する取組が進められること。また、市町村の支援の下に、地域の関係機関等との日常的な連携を図り、必要な協力が得られるよう努めること。

6　体調不良、食物アレルギー、障害のある園児など、園児一人一人の心身の状態等に応じ、学校医、かかりつけ医等の指示や協力の下に適切に対応すること。

第3　環境及び衛生管理並びに安全管理

1　環境及び衛生管理

(1) 認定こども園法第27条において準用する学校保健安全法第6条の学校環境衛生基準に基づき幼保連携型認定こども園の適切な環境の維持に努めるとともに、施設内外の設備、用具等の衛生管理に努めること。

(2) 認定こども園法第27条において準用する学校保健安全法第6条の学校環境衛生基準に基づき幼保連携型認定こども園の施設内外の適切な環境の維持に努めるとともに、園児及び全職員が清潔を保つようにすること。また、職員は衛生知識の向上に努めること。

2　事故防止及び安全対策

(1) 在園時の事故防止のために、園児の心身の状態等を踏まえつつ、認定こども園法第27条において準用する学校保健安全法第27条の学校安全計画の策定等を通じ、全職員の共通理解や体制づくりを図るとともに、家庭や地域の関係機関の協力の下に安全指導を行うこと。

(2) 事故防止の取組を行う際には、特に、睡眠中、プール活動・水遊び中、食事中等の場面では重大事故が発生しやすいことを踏まえ、園児の主体的な活動を大切にしつつ、施設内外の環境の配慮や指導の工夫を行うなど、必要な対策を講じること。

(3) 認定こども園法第27条において準用する学校保健安全法第29条の危険等発生時対処要領に基づき、事故の発生に備えるとともに施設内外の危険箇所の点検や訓練を実施すること。また、外部からの不審者等の侵入防止のための措置や訓練など不測の事態に備え必要な対応を行うこと。更に、園児の精神保健面における対応に留意すること。

第4　災害への備え

1　施設・設備等の安全確保

(1) 認定こども園法第27条において準用する学校保健安全法第29条の危険等発生時対処要領に基づき、災害等の発生に備えるとともに、防火設備、避難経路等の安全性が確保されるよう、定期的にこれらの安全点検を行うこと。

(2) 備品、遊具等の配置、保管を適切に行い、日頃から、安全環境の整備に努めること。

2　災害発生時の対応体制及び避難への備え

(1) 火災や地震などの災害の発生に備え、認定こども園法第27条において準用する学校保健安全法第29条の危険等発生時対処要領を作成する際には、緊急時の対応の具体的内容及び手順、職員の役割分担、避難訓練計画等の事項を盛り込むこと。

(2) 定期的に避難訓練を実施するなど、必要な対応を図ること。

(3) 災害の発生時に、保護者等への連絡及び子どもの引渡しを円滑に行うため、日頃から保護者との密接な連携に努め、連絡体制や引渡し方法等について確認をしておくこと。

3　地域の関係機関等との連携

(1) 市町村の支援の下に、地域の関係機関との日常的な連携を図り、必要な協力が得られるよう努めること。

(2) 避難訓練については、地域の関係機関や保護者との連携の下に行うなど工夫すること。

第4章　子育ての支援

幼保連携型認定子ども園における保護者に対する子育ての支援は、子どもの利益を最優先して行うものとし、第１章及び第２章等の関連する事項を踏まえ、子どもの育ちを家庭と連携して支援していくとともに、保護者及び地域が有する子育てを自ら実践する力の向上に資するよう、次の事項に留意するものとする。

第1　子育ての支援全般に関わる事項

1　保護者に対する子育ての支援を行う際には、各地域や家庭の実態等を踏まえるとともに、保護者の気持ちを受け止め、相互の信頼関係を基本に、保護者の自己決定を尊重すること。

2　教育及び保育並びに子育ての支援に関する知識や技術など、保育教諭等の専門性や、園児が常に存在する環境など、幼保連携型認定こども園の特性を生かし、保護者が子どもの成長に気付き子育ての喜びを感じられるように努めること。

3 保護者に対する子育ての支援における地域の関係機関等との連携及び協働を図り、園全体の体制構築に努めること。

4 子どもの利益に反しない限りにおいて、保護者や子どものプライバシーを保護し、知り得た事柄の秘密を保持すること。

第2 幼保連携型認定こども園の園児の保護者に対する子育ての支援

1 日常の様々な機会を活用し、園児の日々の様子の伝達や収集、教育及び保育の意図の説明などを通じて、保護者との相互理解を図るよう努めること。

2 教育及び保育の活動に対する保護者の積極的な参加は、保護者の子育てを自ら実践する力の向上に寄与するだけでなく、地域社会における家庭や住民の子育てを自ら実践する力の向上及び子育ての経験の継承につながるきっかけとなる。これらのことから、保護者の参加を促すとともに、参加しやすいよう工夫すること。

3 保護者の生活形態が異なることを踏まえ、全ての保護者の相互理解が深まるように配慮すること。その際、保護者同士が子育てに対する新たな考えに出会い気付き合えるよう工夫すること。

4 保護者の就労と子育ての両立等を支援するため、保護者の多様化した教育及び保育の需要に応じて病児保育事業など多様な事業を実施する場合には、保護者の状況に配慮するとともに、園児の福祉が尊重されるよう努め、園児の生活の連続性を考慮すること。

5 地域の実態や保護者の要請により、教育を行う標準的な時間の終了後等に希望する園児を対象に一時預かり事業などとして行う活動については、保育教諭間及び家庭との連携を密にし、園児の心身の負担に配慮すること。その際、地域の実態や保護者の事情とともに園児の生活のリズムを踏まえつつ、必要に応じて、弾力的な運用を行うこと。

6 園児に障害や発達上の課題が見られる場合には、市町村や関係機関と連携及び協力を図りつつ、保護者に対する個別の支援を行うよう努めること。

7 外国籍家庭など、特別な配慮を必要とする家庭の場合には、状況等に応じて個別の支援を行うよう努めること。

8 保護者に育児不安等が見られる場合には、保護者の希望に応じて個別の支援を行うよう努めること。

9 保護者に不適切な養育等が疑われる場合には、市町村や関係機関と連携し、要保護児童対策地域協議会で検討するなど適切な対応を図ること。また、虐待が疑われる場合には、速やかに市町村又は児童相談所に通告し、適切な対応を図ること。

第3 地域における子育て家庭の保護者等に対する支援

1 幼保連携型認定こども園において、認定こども園法第２条第12項に規定する子育て支援事業を実施する際には、当該幼保連携型認定こども園がもつ地域性や専門性などを十分に考慮して当該地域において必要と認められるものを適切に実施すること。また、地域の子どもに対する一時預かり事業などの活動を行う際には、一人一人の子どもの心身の状態などを考慮するとともに、教育及び保育との関連に配慮するなど、柔軟に活動を展開できるようにすること。

2　市町村の支援を得て、地域の関係機関等との積極的な連携及び協働を図るとともに、子育ての支援に関する地域の人材の積極的な活用を図るよう努めること。また、地域の要保護児童への対応など、地域の子どもを巡る諸課題に対し、要保護児童対策地域協議会など関係機関等と連携及び協力して取り組むよう努めること。

3　幼保連携型認定こども園は、地域の子どもが健やかに育成される環境を提供し、保護者に対する総合的な子育ての支援を推進するため、地域における乳幼児期の教育及び保育の中心的な役割を果たすよう努めること。

〈著者〉

安家周一（あけ しゅういち）

学校法人あけぼの学園理事長、社会福祉法人あけぼの事業福祉会理事長。兵庫教育大学学校教育科幼児教育コース発達心理学専攻修了。公益財団法人全日本私立幼稚園幼児教育研究機構副理事長。梅花女子大学特任教授。

現在、あけぼの幼稚園（豊中市）、あけぼの保育園・豊中あけぼの保育園・あけぼのベビーセンター・あけぼのぶんぶん・あけぼのドロップス・あけぼのぽんぽこ保育園（豊中市）を運営。

片山喜章（かたやま よしのり）

社会福祉法人種の会理事長。
1976年：神戸市初の男性保育士
1985年：幼児体育の指導者集団、株式会社ウエルネス設立
2002年：社会福祉法人種の会設立
公益社団法人全国私立保育園連盟保育子育て総合研究機構委員。

現在、下記の園の教育・保育統括を兼務。はっとこども園・なかはらこども園（神戸市）、ななこども園（藤井寺市）、池田すみれこども園（寝屋川市）、もみの木台保育園（横浜市）、みやざき保育園（川崎市）、世田谷はっと保育園（東京）、その他、児童館、小規模保育園3か所を運営。

〈STAFF〉
- 本文レイアウト／センドウダケイコ
- 本文イラスト／にしださとこ・Meriko
- 編集協力・校正／堤谷孝人
- 企画・編集／安部鷹彦

新幼稚園教育要領、保育所保育指針、幼保連携型認定こども園教育・保育要領がわかる本

2017年10月　初版発行
2018年２月　第３版発行

著　者　安家周一・片山喜章
発行人　岡本 功
発行所　ひかりのくに株式会社
〒543-0001　大阪市天王寺区上本町3-2-14　郵便振替 00920-2-118855　TEL.06-6768-1155
〒175-0082　東京都板橋区高島平6-1-1　郵便振替 00150-0-30666　TEL.03-3979-3112
ホームページアドレス　http://www.hikarinokuni.co.jp

印刷所　凸版印刷株式会社

乱丁、落丁はお取り替えいたします。

Printed in Japan
ISBN978-4-564-60903-9
NDC376　192P　15×21㎝